Marcos Scaldelai

LÍDER PRONTO PARA TUDO

As 10 atitudes da liderança que constrói empresas com resultados em qualquer cenário

Diretora
Rosely Boschini

Gerente Editorial
Rosângela Barbosa

Assistente Editorial
Giulia Molina

Produção Gráfica
Fábio Esteves

Preparação
Carolina Forin

Edição de Conteúdo
Joyce Moysés

Capa
Thiago de Barros

Projeto Gráfico e Diagramação
Vanessa Lima

Revisão
Juliana Rodrigues | Algo Novo Editorial
e Nestor Turano | Abordagem Editorial

Impressão
Gráfica Rettec

Copyright © 2021 by Marcos Scaldelai
Todos os direitos desta edição
são reservados à Editora Gente.
Rua Original, 141/143 – Sumarezinho
São Paulo, SP – CEP 05435-050
Telefone: (11) 3670-2500
Site: www.editoragente.com.br
E-mail: gente@editoragente.com.br

Dados Internacionais de Catalogação na Publicação (CIP)
Angélica Ilacqua CRB-8/7057

Scaldelai, Marcos
    Líder pronto para tudo: líder pronto para tudo / Marcos Scaldelai. — 1ª ed. —
São Paulo: Editora Gente, 2021.
    224 p.

    ISBN 978-65-5544-097-3

    1. Liderança 2. Negócios I. Título

21-0782   CDD 658.4092

Índices para catálogo sistemático:
1. Administração: Liderança

// *NOTA DA PUBLISHER*

Ser um líder no mundo atual não é tarefa fácil, principalmente quando um cargo com tamanha responsabilidade vem sem manual de instruções. Você sabe que precisa entregar resultado e sabe que precisa inspirar o melhor em sua equipe, mas como fazer isso e ainda ser forte em um mundo cada vez mais dinâmico e turbulento?

Sei que não existe receita, porém é possível estabelecer pontos importantes que todo líder que quer ser bem-sucedido em qualquer cenário deve ter. E é isso que Marcos Scaldelai traz nestas páginas. Neste livro que está em suas mãos ele apresenta as dez características fundamentais para você se transformar em um líder resiliente, antifrágil, inspirador, sem medo de desafios e, o mais importante de tudo: um *Líder pronto para tudo*.

Ser uma liderança que resiste para existir exige coragem e determinação, mas o resultado dessa jornada é grandioso. E o primeiro passo é muito simples: basta respirar fundo e virar a página. Vem com a gente descobrir o grande líder que existe dentro de você.

ROSELY BOSCHINI – CEO e publisher da Editora Gente

DEDICATÓRIA E AGRADECIMENTOS

Este livro me inspirou, em cada capítulo, a fazer uma revisão das minhas atitudes que me retratam como um Líder pronto para tudo, sempre resistindo às turbulências que surgem. Atitudes essas que só potencializaram a minha existência como vitoriosa e relevante no mercado empresarial.

Dedico esta obra a todos que fazem parte da minha história e agradeço por estarem ao meu lado. Também a Deus e a Nossa Senhora por fortalecerem a minha fé. Agradeço a todos os empresários do Noroeste Paulista por me ajudarem a tornar realidade vários dos meus sonhos.

É chegado o momento de realizar mais um deles: o de fazer a maior homenagem que poderia ao meu ídolo maior, que realmente fez e faz a diferença na minha vida. Isso porque grande parte das minhas atitudes devo a esse ser humano que tem vida profissional e pessoal impossíveis de dissociar.

LÍDER QUE É LÍDER, COM L MAIÚSCULO, É RELEVANTE NA VIDA DO OUTRO.

Ele sabe tocar diretamente o coração do seu público. É um mestre para vendedores e empreendedores e se orgulha de tudo que construiu. Como líder, sabe convencer sobre os reais valores que importam na vida e pelos quais devemos batalhar para crescer.

Tudo isso com uma autenticidade e personalidade admiráveis. Sendo muito simples, sendo humano, com seus erros e (grandiosos) acertos!

Eu o assisti, continuo assistindo e já sofro só de pensar que um dia o Brasil inteiro o terá apenas na memória. Para mim, ainda é inconcebível não ter a sua presença e relevância eternas. Só de escrever esta homenagem, a emoção já toma conta de mim. E o choro é o símbolo maior do carinho que sinto por esse líder que arrasta multidões.

Ele não sabe quem sou eu, mas isso não tem importância, pois o que ele representa para mim já é o suficiente para considerá-lo meu mentor.

Silvio Santos, sei que o Brasil ama você e que sou apenas mais um. Mais um que agradece e reza todos os dias por você existir e ter saúde. Mais um que repassa suas atitudes para nos contagiar a buscar uma vida melhor, lembrando, como exímio comunicador que é, que "do mundo não se leva nada, vamos sorrir e cantar!".

I PREFÁCIO

O tema deste livro é relevante e atual. As mudanças são constantes e há novos desafios com a gestão à distância para o líder, que não pode perder o foco no resultado. Cada vez mais teremos um sistema híbrido, com pessoas atuando em *home office*, e não só presencialmente. Portanto, é o momento de ressaltar atitudes importantes da liderança para o desenvolvimento humano e dos negócios.

Tive a oportunidade de conviver com grandes líderes e ser inspirado por eles. Aprendi que o líder de verdade, mesmo em períodos turbulentos, segue otimista e direcionando sua energia e experiência para dar resultados, em vez de explicar por que não deu. Gosta de trabalhar em time e sem buscar atalhos, porque isso só traria problemas. e por último, está sempre formando sucessor, preparando alguém.

No meu livro e em palestras, falo muito sobre mirarmos nas soluções, porque quem pode mudar tudo ao redor somos nós mesmos. Marcos Scaldelai também aborda esse e outros pontos de maneira prática e interessante. Nós nos conhecemos faz muito tempo em eventos empresariais, e também tivemos a oportunidade de viajar em missões internacionais juntos.

O fato de ele ter assumido a presidência de uma empresa como a Bombril aos 36 anos me chamou bastante atenção. É um profissional diferenciado, e sua vivência contribui para a educação empreendedora

de jovens executivos, que precisam pensar em criar empregos, e não só "caçar" empregos, pois o futuro do trabalho vai mudar.

Gosto muito do autor desta obra e especialmente da sua visão de que todos nós somos vendedores. Afinal, qualquer pessoa tem que vender: seja sua ideia, seja seu produto ou posição no mercado. Scaldelai também olha para o para-brisa, e não o retrovisor. Como ele mesmo diz, "pra frente sempre". Sabendo que não adianta chorar o leite derramado, propõe "a partir de amanhã cedo, o que vamos fazer de diferente?".

Dentre as dez atitudes destacadas a seguir, me identifico demais com amar desafios, que equivale aos nossos pés e pernas, porque sempre canalizei o meu inconformismo para superar as adversidades. Em minha história pessoal, tive muito sucesso ou "sorte" quando estava em movimento. Sorte, aliás, é o encontro da oportunidade com a pessoa preparada e em movimento.

É o que faz um líder que tem as atitudes humanizada e capacitadora, ao treinar e formar pessoas melhores do que ele próprio. Sei do que estou falando. Em vez de fazer reuniões para dar broncas generalizadas, por exemplo, sempre procurei motivos de comemoração para unir o time em torno de um objetivo com propósito maior. Temos de marcar gols e nos fortalecer ainda mais!

O mercado precisa de gente como Marcos, que fala sobre o que viveu, sem fantasias ou superficialidades. Também gosto de falar do que vivi, apresentando-me como um empreendedor em série que errou várias vezes e foi acertar em cheio aos 40 anos, com a quinta empresa. A Poit Energia me levou a ser Líder na América Latina e Empreendedor Endeavor (2002), com muito orgulho por ser uma ONG que inspira novos empreendedores.

Depois de vender na Bolsa de Londres (2012) a companhia de fornecimento de energia elétrica temporária que fundei, não quis parar de trabalhar. Digo que fui "picado pela mosquinha do impacto social", aceitando ser secretário dos prefeitos Fernando Haddad, João Doria e Bruno Covas. Acredito que todo empresário no Brasil de hoje tem de pensar em ir "na reunião de condomínio" algum dia. Ou seja, dar sua contribuição à sociedade de alguma forma, em vez de só reclamar do lado de fora das iniciativas do setor público.

Eu me sinto preparado para as turbulências da vida desde muito cedo, pois morei em uma casa sem energia elétrica até meus 12 anos. O lado bom era que conversávamos após o jantar até a hora em que dava sono. Meus pais eram agricultores em Oswaldo Cruz, interior paulista. Quando mudamos para a vizinha Rinópolis, toda a família virou empreendedora.

Vendi sorvetes na rua, depois aprendi a consertar fogões a gás e ainda entregava botijões. Meu pai não dizia ser impossível comprar a bicicleta que eu queria – e sim, "vai se virar". Minha mãe conseguiu meia bolsa de estudos para o cursinho na capital, e depois me formei em Engenharia Elétrica pela FEI.

Hoje, sou feliz por poder inspirar milhares de empreendedores a liderarem mudanças com a adaptabilidade necessária. Só atualizando o conselho do meu pai, digo "vamos nos virar juntos" e fazer girar a bicicleta dos bons negócios para o nosso país crescer.

WILSON POIT

Diretor-Superintendente do Sebrae-SP, eleito em 2019, e autor do livro *O não você já tem, então vá à luta*

| SUMÁRIO

10 **INTRODUÇÃO**

14 **CAPÍTULO 1** Tempos turbulentos para um líder frágil

30 **CAPÍTULO 2** Para não cair nas valas comuns

46 **CAPÍTULO 3** Mal treinados para resolver as situações

64 **CAPÍTULO 4** As dez atitudes dos líderes prontos para tudo

74 **CAPÍTULO 5** Amar desafios

88 **CAPÍTULO 6** Ser capacitador

100 **CAPÍTULO 7** Ser conciliador

110 **CAPÍTULO 8** Ser conectado

124 **CAPÍTULO 9** Ser generalista

136 **CAPÍTULO 10** Ser minimalista

150 **CAPÍTULO 11** Ter foco na solução

166 **CAPÍTULO 12** Ser renovador

180 **CAPÍTULO 13** Ter fome de produtividade

196 **CAPÍTULO 14** Ser humanizado

212 **CAPÍTULO 15** O valor do seu sonho

222 **CONCLUSÃO** A força maior que nos move

INTRODUÇÃO

Escolhi um tema atual e prático para este quarto livro, assim como são os anteriores. Esta é minha característica: não prego conceitos, mostro na prática por meio dos meus exemplos! Foco sempre em crescimento. Só admito tratar daquilo que funciona, eleva resultados, faz as pessoas e as empresas subirem de patamar.

Quem acompanha a minha carreira como executivo, empresário, consultor, palestrante, escritor – e até youtuber – sabe: escrevo e falo com base naquilo que vivo. É o meu diferencial.

Ao compartilhar experiências à frente de tantos projetos nas próximas páginas, quero ser relevante a todos que encaram o desafio de liderar mudanças em qualquer circunstância. Sem o automatismo de imaginar que a sua trajetória é totalmente linear, sendo pegos de surpresa quando surgem curvas no caminho. Elas são necessárias para nos arrancar da zona de conforto e nos apresentar mirantes com horizontes de oportunidades.

O mercado está em constante mudança, e é urgente buscar novas referências, exemplos positivos, leituras confiáveis dos cenários para ninguém ficar para trás. O que agora é amanhã pode não ser mais. Inclusive estar vivo. Logo, que tal você soltar um pouco as amarras da estabilidade, oxigenar as ideias e se reorganizar para o futuro?

Posicionar-se como um líder forte faz total diferença, principalmente em momentos difíceis, para que as coisas não saiam do controle. É a força motriz da empresa, o que faz a engrenagem não parar de funcionar, ajuda na saúde financeira, mexe na cultura, traz eficiência aos processos de trabalho, favorece inovações em produtos e serviços, fortalece o relacionamento com clientes e coloca todo o time para olhar para a frente.

Tudo isso já é um aquecimento para o que você encontrará neste livro. Existem dez atitudes essenciais que fazem parte dessa liderança forte. Eu estou aplicando elas no meu trabalho e obtendo excelentes resultados (conforme vou detalhar) e também as enxergo em líderes bem-sucedidos do meu *networking*, que darão seus depoimentos e responderão às minhas perguntas nas próximas páginas.

Tais atitudes são tão imprescindíveis quanto partes do nosso corpo. Não há uma mais importante do que a outra, pois todas têm sua função e garantem uma existência saudável quando trabalhadas em conjunto. Segue uma amostra, pois o detalhamento de cada atitude você verá ao longo do livro:

> A atitude capacitadora, por estar relacionada com a aprendizagem contínua, é como o CÉREBRO.

> A atitude conciliadora, por colocar todos mirando a mesma direção, é como os OLHOS.

> A atitude foco na solução, por envolver energia para resolver, mão na massa e apoio à necessidade do cliente, é como as MÃOS e os BRAÇOS.

> A atitude de ser conectado é como o SANGUE, que interliga todos os órgãos, levando nutrientes a todo o corpo.

> A atitude humanizada, como o nome diz, só pode ter relação com o CORAÇÃO.

Introdução

> A atitude generalista, por balancear muito bem a administração de pessoas e números, dando valor ao capital humano sem abrir mão das finanças, é como os PULMÕES, trabalhando em dupla.

> A atitude renovadora é voltada à geração de novos negócios que agregam valor. Então, combina com a nossa PELE, que está sempre se regenerando.

> A atitude fome de produtividade, por exigir monitoramento dos resultados (e nessa hora não há meio-termo), está ligada com o ESTÔMAGO.

> A atitude minimalista age como o FÍGADO dos privilégios e excessos e filtra os gastos, num papel que se aproxima dos RINS.

> A atitude amar desafios carrega o inconformismo, a adrenalina da superação para avançar, sendo bem representada por PÉS e PERNAS.

Eu espero que, ao fim deste livro, todas essas partes do seu corpo estejam funcionando bem para que sua jornada nunca fique fragilizada. Para isso, os capítulos trarão *cases*, exemplos, reflexões e informações valiosas sobre a liderança que as empresas e o mercado procuram hoje e como cada uma das dez atitudes atende a essas necessidades, dando o exemplo de diferentes profissionais que admiro como líderes que estão prontos para tudo.

Esta é a grande sacada: buscar uma porta de saída para qualquer crise, interna ou externa. Vivemos inúmeras turbulências no mercado, na vida pessoal, mas o nosso elo sempre deve prevalecer. E que continue assim para sermos relevantes um na vida do outro.

Sendo executivo de carreira ou dono do negócio, um líder forte sempre agrega àqueles que o rodeiam e expressa, com suas atitudes, a seguinte mensagem: *"Pode contar comigo na hora que for e no contexto que for"*.

Que assim seja!

CAPÍTULO 1 /

TEMPOS TURBULENTOS PARA UM LÍDER FRÁGIL

As turbulências não acontecem igualmente para todos os profissionais. Há um seleto grupo que fica preocupado e busca utilizar todos os recursos possíveis para fazer o seu negócio reagir com inteligência e sair melhor do que entrou. Esse mesmo grupo também encontra maneiras de avançar *mesmo* com um cenário bastante desfavorável e encabeça transformações.

E há o segundo grupo, que fica preocupado também, mas vai tentando reagir do jeito que dá, além de reclamar muito, até que perde o controle e cai numa vala comum, levando o negócio em que atua para o buraco do fracasso. Infelizmente, a sensação atual é de que essa vala está atingindo ocupação recorde.

Por que será? A verdade é que muitas pessoas que foram alçadas a posições de liderança, conquistadas por meio de promoções, por serem da família do dono ou ainda por abrirem o próprio negócio, ainda não aprenderam como serem *líderes fortes, que fazem a diferença justamente quando a empresa e a sua equipe mais precisam deles.*

Navegar com o vento a favor é fácil. Mas o verdadeiro líder tem de estar pronto para administrar toda e qualquer situação inesperada, acreditando que vai encontrar soluções. Neste livro, vamos discutir os motivos que, na hora do "vamos ver", levam profissionais a se fortalecer ainda mais ou a escancarar sua fragilidade, assim você poderá fazer história no lado certo o quanto antes... Diante dessa realidade atual de aceleramento de transformações, não há tempo a perder *mesmo*!

A ideia de turbulência deriva do latim *turbulentĭa* e é um conceito bastante relacionado ao efeito que as correntes de ar exercem sobre as aeronaves.[1] Quantos passageiros tremem, choram, rezam, apertam o braço do vizinho de poltrona ao simplesmente ouvir do piloto que apertem os cintos pois passarão por uma zona turbulenta? Agora, imagine se ele e sua tripulação agissem da mesma forma? Sem preparo para liderar, sobretudo nos momentos difíceis, como passar a confiança necessária de que vão chegar ao objetivo sãos e salvos?

Ver o diretor e fundador de uma das empresas de tecnologia mais valiosas da última década dizer "demoramos doze anos para construir o negócio do Airbnb e perdemos quase tudo em questão de quatro a seis semanas"[2] me faz pensar que Brian Chesky havia navegado até então em mares favoráveis. Um líder forte não fala em perder, pois há vários caminhos para se desafiar a buscar e se reinventar.

O Dicionário Online de Português (Dicio)[3] define turbulência como sinônimo de agitação, alvoroço, desordem, inquietação, motim, perturbação. E alguém mais preparado tem de liderar seu grupo para organizar as ações necessárias e garantir um futuro melhor. De quem se

---

1   TURBULÊNCIA. *In:* **Conceito. De**. Disponível em: https://conceito.de/turbulencia. Acesso em: 7 fev. 2021.

2   AIRBNB demorou 12 anos para existir, e perdeu quase tudo em semanas, diz diretor. **CNN Brasil**, 26 jun. 2020. Disponível em: https://www.cnnbrasil.com.br/business/2020/06/26/airbnb-demorou-12-anos-para-existir-e-perdeu-quase-tudo-em-semanas-diz-diretor. Acesso em: 25 out. 2020.

3   TURBULÊNCIA. *In:* **Dicio**. Disponível em: https://www.dicio.com.br/turbulencias. Acesso em: 25 out. 2020.

Tempos turbulentos para um líder frágil

espera solução, não pode vir outra coisa que não seja solução, ou saída de emergência, alternativa, reinvenção que salve a pele de todos (e a própria) dentro desse "avião" chamado empresa ou negócio.

POR QUE ESSE NEGÓCIO NÃO DÁ CERTO?

Em 2020, bastava dar uma volta pela cidade para avistar placas de "aluga--se" em diversos pontos comerciais antes prestigiados. E não foram só as lojas de bairro que não sobreviveram às turbulências de uma crise sanitária mundial. Faltou "oxigênio" a médios e grandes negócios bem conhecidos do público, de varejistas a companhias aéreas. No primeiro semestre, por exemplo, os pedidos de falência avançaram 34,2% e os de recuperação judicial 32,8% em relação ao mesmo período de 2019, segundo levantamento nacional da empresa de informações de crédito Boa Vista.[4]

Inevitável eu me perguntar "por que a maioria desses negócios não dão certo?". É lógico que, em alguns casos, o setor foi drasticamente impactado. Porém, fui chegando ao principal motivo: na maioria dos casos, é porque, de fato, falta liderança. Sim, um dos maiores problemas que as empresas enfrentam hoje é a falta de líderes.

Na realidade, qualquer gestão de cadeia produtiva, pública ou privada, sofre desse mesmo problema. Se não temos uma política adequada, que promova progressos em vez de atrasos e conchavos que só interessam a poucos, falta liderança. Há problemas na economia, agravados por órgãos e companhias que protelam decisões, se comunicam mal, acenam para várias direções deixando o empresariado confuso e os investidores temerosos? É claro que sim. Entretanto, também falta liderança.

---

4   PEDIDOS de recuperação judicial sobem 82,2 % em junho ante maio, diz Boa Vista. **Época Negócios**, 8 jul. 2020. Disponível em: https://epocanegocios.globo.com/Economia/noticia/2020/07/epoca-negocios-pedidos-de-recuperacao-judicial-sobem-822-em-junho-ante-maio-diz-boa-vista.html . Acesso em: 25 out. 2020.

Todos nós sabemos quanto os líderes são capazes de fazer total diferença nos momentos de turbulência. Tive a confirmação de que não era uma percepção somente minha ao organizar um evento com o ex-presidente Fernando Henrique Cardoso, em junho de 2020, que, com sua visão política e socioeconômica indiscutivelmente apurada, também questionou essa falta de liderança.

Na visão do ex-presidente, que ratifica a minha, de fato está difícil de encontrar exemplos com quem a maioria das pessoas possa se identificar, referências que guiem a todos na direção do desenvolvimento coletivo, da inovação, das soluções sustentáveis. Eu aproveitei a oportunidade para perguntar ao FHC o que é ser líder. O sociólogo mais importante do Brasil foi enfático:

— Marcos, líder não é aquele que sabe tudo, mas é aquele que sabe escolher as pessoas certas para cada uma das funções.

Esse é um ponto que defendo bastante: como deve ser o líder do qual as empresas e o mercado necessitam hoje? Mesmo não precisando saber tudo, ele precisa ser capaz de montar uma equipe forte e, junto dela, desempenhar bem esse papel em qualquer situação.

Existem problemas que são do mercado, como flutuações expressivas do câmbio e escassez de insumos importantes para os produtos. Não podemos evitá-los, mas temos de administrar suas consequências com eficiência e criatividade. Existem outros problemas que são internos, como baixa competitividade frente a novos concorrentes e equipes desmotivadas.

QUEM NÃO ESTÁ BEM PREPARADO PARA LIDERAR TEM DIFICULDADE DE ENFRENTAR TANTO OS PROBLEMAS EXTERNOS QUANTO OS INTERNOS. ALIÁS, TEM DIFICULDADE PARA ENFRENTAR ATÉ OS PROBLEMAS PESSOAIS.

SE NÃO TEMOS UMA POLÍTICA ADEQUADA, QUE PROMOVA PROGRESSOS EM VEZ DE ATRASOS E CONCHAVOS QUE SÓ INTERESSAM A POUCOS, FALTA LIDERANÇA.

Se estivesse pronto para tudo, conseguiria encarar qualquer tipo de obstáculo: os do mercado, que impactam de fora para dentro, e os que brotam internamente e podem crescer igual a ervas daninhas se não forem combatidos com vontade e competência.

Quem não desenvolveu habilidades adequadas de liderança tem mais dificuldade para entender as demandas dos funcionários, contribuindo para que fiquem doentes, improdutivos. Outros impactos decorrentes dessa falta de habilidade são um ambiente de fofocas, descrença na empresa, desestímulo à inovação, descontrole nos custos, descompromisso com os resultados e por aí vai... Se tudo isso já é perigosíssimo sem que haja turbulência externa, imagine quanto se potencializa durante uma crise?

MUDANÇAS DRÁSTICAS PARA SOBREVIVER

Eu comecei a pensar sobre tudo isso antes da pandemia do coronavírus. Com base em tudo que estou fazendo, que estou reconstruindo e conquistando, eu me considero um líder pronto para tudo. Dizia a mim mesmo: "Pode vir a turbulência que for, na intensidade que for". Daí, veio uma das mais desafiadoras da história da humanidade, curiosamente de avião. Eu não imaginava, nem ninguém, que um novo vírus circularia pelo mundo e aterrissaria também aqui.

O turbulento ano de 2020 provou o que eu já estava enxergando sobre falta de lideranças. Desde quando as empresas e as pessoas tiveram de mudar de maneira drástica a sua forma de viver, consumir e trabalhar, nós estamos vivendo num mundo carente desse perfil fundamental para superarmos dificuldades e avançarmos.

Quem não ficaria zonzo e querendo mais coerência diante dos desencontros políticos e visões diferentes do próprio empresariado no início das medidas de distanciamento social?

Tempos turbulentos para um líder frágil   **21**

A pandemia veio, chacoalhou o mundo empresarial e deixou claro que só sairiam dela as empresas que conseguissem construir um caminho de liderança forte, com dirigentes que soubessem lidar de modo positivo com esse período, e não apenas para manter a cabeça fora d'água. E principalmente: projetando o que a empresa ia querer ser no pós-pandemia.

Uma pergunta que clientes, parceiros e amigos me faziam com frequência era:

— Marcos, pelo amor de Deus, o que a gente faz para continuar vendendo?

— Em momentos de crise, tem uma coisa a fazer: se debruçar sobre o caixa. Porém, se você só ficar pensando no caixa, aí é que estará derrubando a sua empresa. — Eu respondia.

Tem, sim, que gerir e controlar o dinheiro mais do que nunca, saber quais clientes e/ou canais estimular, adequar as metas. Mas também montar um grupo de trabalho pensando no que sua empresa vai fazer *para* **sair** da fase turbulenta e no que estará fazendo *quando* **sair** dela, ou seja, depois que a turbulência passar.

O líder frágil não consegue fazer isso com maestria. No momento de alta instabilidade, parece se esquecer de tomar atitudes técnicas para contornar a crise e se enrola todo nas estratégias – e acaba por mais alarmar o mercado e a própria equipe em vez de engajá-los para que **todos** pensem no que vai acontecer dali para a frente.

AUTOSSUFICIENTES E EMERGENCIAIS NÃO CRESCEM

Muitos disfarçam a sua fragilidade sob a capa da autossuficiência. Esses caras acreditam, pela posição que alcançaram, que são *the best*. Porque tiveram alguns acertos, se destacaram com uma ideia que deu certo, surfaram alguma grande onda do mercado, consideram-se o máximo. Só esquecem que as turbulências chegam. Por um motivo ou por outro, elas vêm. Ninguém tem céu de brigadeiro garantido todos os dias.

> **VOU REVELAR UM SEGREDO: CRESCER NÃO É PROVA DE SER UM LÍDER FORTE. CRESCER COM CONSTÂNCIA, SIM. UMA EMPRESA QUE NÃO SE DESTACA EM MOMENTOS DIFÍCEIS PENSA QUE TEM UM LÍDER FORTE QUANDO, NA VERDADE, ELE É FRÁGIL.**

Eu avalio que, salvo exceções, o líder que ainda não tenha enfrentado nenhuma grande crise está em um papel muito cômodo por não ter sido colocado à prova. O processo o levou a liderar dentro de uma zona de conforto. É como dirigir numa estrada considerada "tapete" por não haver buracos, obras exigindo desvios de rota... Ele irá se avaliar como um ótimo motorista; os outros ocupantes do carro também. Com isso, acaba facilmente se comportando como autossuficiente.

Só que não pode ser assim, como bem alertou FHC. De que vale alguém achar que sabe tudo quando a vida pede que estejamos preparados para o inesperado? O que nós conseguimos fazer sem crise, com crise e depois da crise é o que vai dizer quanto somos estratégicos, transformadores, fortes – ou quanto ainda temos de aprender, amadurecer, melhorar nesse papel tão importante.

É bonito crescer hoje? Sim. É bonito e importante. No entanto, não é isso que vai sustentar um grande líder. O líder preocupado apenas com o resultado de hoje treina só a visão de curto prazo e pode facilmente se desequilibrar quando enfrentar uma turbulência. Na teoria, o que eu digo parece óbvio. Na prática, sobram profissionais atacando o emergencial,

Tempos turbulentos para um líder frágil

atuando só nas consequências e pouco preparados para posicionar a empresa de uma maneira diferenciada nas adversidades.

São pessoas que cultivam a posição de "eu sou o cara que atinge isso, decide aquilo, mando no negócio", mas não estão 100% prontos para tudo – e não é nem tanto pela técnica, e sim pela atitude. Pois, nos momentos difíceis, a atitude tem peso muito maior e pode trazer benefícios ao negócio, como elevar seu valor de mercado e fidelizar clientes e colaboradores.

Como exemplo positivo de atitude, destaco os líderes de 5 mil empresas brasileiras que aderiram ao movimento Não Demita, responsável por manter 1,5 milhão de empregos nos dois meses mais críticos da pandemia (abril e maio de 2020). Verdade que depois várias tiveram que rever essa decisão,[5] sendo que uma parcela delas estudou oferecer mentoria aos desligados que quisessem empreender.

As empresas lideradas por profissionais que só vivem a soberania do sucesso de hoje são as que estão quebrando a cara muito rápido. Por que a Magalu é um grande sucesso? Porque, sob a liderança de Frederico Trajano, e bem resumidamente, investiu em *propósito*, aquilo que mais falta a esse líder momentâneo, que não olha para os lados, só para o caixa, sem preparar a empresa para os anos seguintes.

Magalu quis levar para a população brasileira a digitalização do varejo, a transformação digital. E, dentro desse propósito educacional, os seus produtos se encaixavam. Seus líderes não saíram vendendo sem o engajamento e um *porquê* em primeiro lugar. Infelizmente, a maioria das empresas está pensando no retorno material primeiro, para depois, lá longe, lembrar do propósito que impulsionou seu crescimento no começo.

---

[5] ESTIGARRIBIA, J. Após 2 meses, empresas do #NãoDemita reveem demissões e oferecem mentoria. **Exame**, 23 jun. 2020. Disponível em: https://exame.com/negocios/apos-2-meses-empresas-do-naodemita-reveem-demissoes-e-oferecem-mentoria/. Acesso em: 7 fev. 2021.

MAIS UM EXECUTADOR QUE NÃO PENSA LÁ NA FRENTE

Sabe um líder jovem que eu admiro? O Guilherme Benchimol, da XP Investimentos, por mudar a cultura das pessoas assim como o Frederico Trajano, da Magalu. O propósito dele foi educar para ganhar, assim como o da Luiza Trajano e de sua equipe foi digitalizar para ganhar. Não o contrário. Ambos têm um propósito estratégico, mas não é de curto prazo. Em outras palavras, não é tático. Este é outro ponto importante: o líder frágil se comporta mais como um executador, enquanto o outro pensa lá na frente. Mesmo estando em grandes empresas, com seus quadros de funcionários mais robustos, há quem sofra desse mal. Por que determinadas companhias passam por variados problemas sempre? O pensamento está muito mais para "o que temos para hoje?" (liderança tática) do que para a criação de estratégias.

A Magalu não queria só vencer no imediato. Queria fazer das vitórias uma constante. Então, planejou essa transformação e pegou para si o papel de protagonista no processo de educar o consumidor. Já o Walmart, mesmo sendo a maior varejista do mundo, no Brasil, teve de se transformar, pois sua liderança era tática. Tanto que implementava negociação sem contrato para forçar preços menores, visando só o resultado imediato, para ganhar o consumidor. Em 2019, vendeu 80% de suas operações e passou a se chamar Big.[6]

Agora eu pergunto: vender barato sem nenhum propósito maior é conceito sustentável nos dias de hoje? Não, exceto para quem tem uma cabeça extremamente tática, igual à daqueles que reclamaram do fechamento dos estabelecimentos de comércio e serviços não essenciais, afirmando que o dano na economia seria muito maior que na saúde, enquanto o número de

---

6 GAVIOLI, A. Marca Walmart deixa Brasil e muda para Grupo BIG com investimento de R$1,2 bilhão. **InfoMoney**, 12 ago. 2019. Disponível em: https://www.infomoney.com.br/negocios/marca-walmart-deixa-brasil-e-muda-para-grupo-big-com-investimento-de-r-12-bilhao/. Acesso em: 7 fev. 2021.

mortes só crescia. Esses gestores táticos (chamo de gestores, porque não os considero líderes) só mostraram quem são na essência.

Enquanto o gestor tático só pensa no momento, sem se preparar para o crescimento constante, o líder de propósito tem facilidade de se planejar para tudo. E eu me coloco muito nesse papel, pois tudo aquilo que prego e quero fazer é para provocar uma grande transformação. Se for para fazer o mesmo que o outro faz, a empresa não precisa de mim. É uma pena que o líder tático faça o que os outros fazem, como quando pensa: *É guerra de preços? Então vamos fazer uma.*

Há um tipo de líder tático que gosta de praticar a gestão do Eu - "Eu estou trazendo…", "Eu estou fazendo aquilo de que o Brasil precisa…" –, como se o mundo não fosse o mesmo sem ele. Acha que sabe tudo e que está garantido por ter amigos no poder, então não precisa se preocupar com a perenidade da sua marca. Quem pratica a gestão do "Eu" geralmente não suporta turbulências. Uma reação bem comum é de querer negá-las ("está tudo bem, confiem em mim"). Quem confia nele corre risco de, em algum momento, cair junto.

De novo, falta humildade de se olhar no espelho e entender que, sim, precisa adquirir bagagem; sim, precisa vivenciar; sim, precisa estar aberto a aprender; sim, precisa ter gente muito boa trabalhando num propósito além de dinheiro (que é meio, e não fim). Vejo isso em vários profissionais que, só porque enriqueceram com aplicativos e afins, colocam-se como se tivessem descoberto a fórmula certa.

Pelo amor de Deus, não existe fórmula para você acertar tecnicamente em tudo que envolve o mundo dos negócios. Então por que dão palco para essa turma? Porque é líder tático, que fez acontecer agora.

DORES PARTICULARES E POR DESPREPARO

A forma como se enxerga as turbulências particulares também é reveladora. Com o líder pronto para tudo, os problemas que só dizem respeito a si mesmo não interferem em nenhum momento no seu desempenho profissional, no coletivo. Já o frágil acaba misturando e acha que liderados, clientes, fornecedores, quiçá o porteiro devem viver as dores dele, sofrer junto.

E como isso pesa na administração dos desafios diários de qualquer negócio! Talvez você pense: *Ah, o Marcos dá mais valor ao negócio do que às pessoas?* Não é nada disso. Apenas não faz bem a ninguém que um profissional, ainda mais se lidera um grupo, leve suas angústias e frustrações para a mesa de trabalho.

Vou exemplificar essa separação com um depoimento pessoal. Todo mundo que me acompanha sabe que eu nunca vivi um drama terrível, como a perda de um filho ou uma doença grave. Mas naqueles onze meses de processo até decidir renunciar à presidência executiva da Bombril (2016), mostrei a força da minha liderança. Minha esposa percebia o que estava ocorrendo, mas não a envolvi a ponto de viver meu sofrimento. Funcionários e clientes também não sabiam da gravidade da situação e de quanto aquilo estava me afetando como pessoa.

Resumidamente, como expliquei no meu terceiro livro, *Indispensável, imbatível e invencível*,[7] a companhia passava por um momento de reestruturação necessária que começou a brigar com os meus valores, com a visão estratégica que eu defendia de posicionamento da companhia no mercado. Qual atitude eu deveria tomar? A mais nobre era entender que o nosso "casamento" iniciado em 2013 perdera o vigor. Insistir só para continuar no cargo? Pelo salário ou poder? Não. A minha felicidade e a minha trajetória pesaram muito mais.

É por isso que recomendo às pessoas a compreensão de que resolver as dificuldades será importante para o seu crescimento, sem misturar as coisas. Talvez você me pergunte: "Quem não consegue fazer isso demonstra imaturidade emocional, vitimismo ou o quê?". Pode ser um mix dessas coisas, mas sem dúvida é uma maneira de mascarar a sua fragilidade.

---

7 SCALDELAI, Marcos. **Indispensável, imbatível e invencível**. São Paulo: Gente, 2018.

Tempos turbulentos para um líder frágil

Lidera mal durante uma turbulência, ancorado na desculpa de que "me dá um desconto, eu também estou pessoalmente em uma fase difícil".

Falando em imaturidade emocional, eu fiz um evento, em outubro de 2020, em que discutimos essa realidade de que os líderes de hoje são mais jovens e estão vindo cada vez mais despreparados para essas turbulências gigantes. Eles estão crescendo com muita gente passando a mão na cabeça deles, dando atalhos. Daí, o caminho acaba sendo mais difícil e doloroso pela ausência de resiliência e garra.

O cara fez algo que deu resultado e já acha que merece cargos mais altos e mais rápido. Então, quando consegue essas promoções, acaba pulando degraus profissionais importantes. Eu falei muito disso no meu primeiro livro, *Você pode mais: 99,9% não é 100%*[8]: por mais que tenha entrega, não se prive de ganhar vivência. Você pode encurtar o espaço de um cargo para o outro, mas tem de passar por todos os degraus dessa escadinha.

Outro perfil que costuma estar despreparado é o que empreende de cara, sem experiência anterior na liderança. Monta o negócio, cria uma equipe, mas não busca treinamento para comandá-la. Está acontecendo muito isso no universo das franquias, por exemplo. O franqueado tem o dinheiro para investir, mas não se preparou para ser um líder, sendo que desenvolver esse papel é fundamental para escapar ileso dos espinhos inerentes a todos os negócios.

Tem ainda o herdeiro, que comumente recebe uma posição de liderança imposta por sua condição. Quantos quebram a cara e o negócio da família? Isso porque não se aqueceram para entrar em jogo e já querem fazer gol. Não é como a pessoa que começa na base e vai crescendo. Não é uma regra, mas, em grande parte dos casos, esse herdeiro se revela um líder frágil por ter sido alçado ao crescimento muito rápido, sem dar tempo para adquirir as bagagens trazidas pelo *step by step* (degrau por degrau).

---

8 SCALDELAI, Marcos. **Você pode mais: 99,9% não é 100%.** São Paulo: Gente, 2015.

Pensando nas *startups*, muitos estão terminando a graduação com a ideia de "criar um MVP (versão mais simples de um produto), lançar no mercado e ficar milionário". Hoje, grande parte dos jovens ainda não despertou para outro propósito além de fazer dinheiro rápido, quanto antes. Ilude-se acreditando que, se realizar algo que dê um resultado acima da média, automaticamente será um grande líder – descuidando de criar valor, que é algo essencial.

Não por acaso, 90% das empresas emergentes ao redor do mundo quebram, de acordo com a revista *Fortune*.[9] De novo, gerar resultado não significa necessariamente ser um excelente líder. Sinto dizer que é o contrário: está muito distante. Gerar resultado *constante* significa ser um excelente líder. Significa criar uma história onde você estiver... Uma história que é sua, que não está na sombra da história do outro.

Quando você muda a cultura, o *mindset*, torna-se relevante por ser pioneiro, faz história como um líder forte. Do resto, você participa. Eu, graças a Deus, tenho várias histórias para contar (abordarei algumas ao longo deste livro), como a de que fui o primeiro a levantar a bandeira das mulheres empoderadas em campanhas na mídia no Brasil, enquanto liderei o novo posicionamento da centenária Bombril. O dono da Rede TV, Marcelo de Carvalho, sempre fala: "Você foi o primeiro com perfil de comunicação de engajamento, de processo de mudança".

Tenho muito orgulho de ter comunicado nosso propósito de trabalhar a evolução da mulher, e não de vender produtos de limpeza. É muito diferente, não é? Pois você também tem a chance de se fortalecer como líder e desenvolver ações que marquem a sua história. Antes, vire a página para saber dos cuidados que deve intensificar, a partir de agora, para não replicar o modelo de um líder frágil, que se mantém no alto enquanto não enfrenta as turbulências.

---

9 GRIFFITH, E. Why startups fail, according to their founders. **Fortune**, 25 set. 2014. Disponível em: https://fortune.com/2014/09/25/why-startups-fail-according-to-their-founders/. Acesso em: 26 out. 2020.

O LÍDER QUE AINDA NÃO TENHA ENFRENTADO NENHUMA GRANDE CRISE ESTÁ EM UM PAPEL MUITO CÔMODO POR NÃO TER SIDO COLOCADO À PROVA.

CAPÍTULO 2 /

PARA NÃO CAIR NAS VALAS COMUNS

Se você terminou o primeiro capítulo refletindo sobre como está sua liderança, já é um ótimo sinal de que deseja melhorar cada vez mais. O líder forte sabe que não é perfeito, mas também não pode se conformar em fazer igual ao que já existe. Justamente por isso, eu chamo atenção para este aspecto: preparar-se para qualquer turbulência é desafio sem fim. Ou você está em constante evolução e desafiando-se a contar uma história diferente ou facilita esbarrar em várias ciladas.

Há profissionais, por exemplo, que passam a achar que não podem mais errar, que têm de vestir uma capa de "eu sei" quando se tornam líderes. Não fazem as perguntas certas à sua equipe, clientes e consumidores para buscar novas soluções, e isso acaba travando avanços para todos. Talvez estejam evitando se arriscar e se expor por receio de decepcionarem subordinados e superiores.

Se você, lá no fundo, alimenta essa insegurança, pode se libertar dela agora mesmo. A sua liderança se fortalece quando você reconhece não ter todas as respostas, dá espaço a críticas construtivas e aprendizados e tem a humildade de envolver os outros em suas tomadas de decisão. Pode ter certeza de que a sua bagagem será muito mais consistente, e a sua liderança, muito mais impactante.

Há uma cilada ainda mais comum, motivada também pela falta de clareza sobre como se portar para guiar sua equipe rumo aos resultados esperados. Trata-se daquele tipo de líder que se deixa ser massacrado por seus superiores e/ou acionistas e simplesmente replica esse modelo – quase nunca bem-sucedido – de eterno cobrador de cumprimento de tarefas e números.

Isso está bem enraizado em profissionais que, por algum resultado alcançado, foram promovidos a um papel estratégico, mas continuam atuando como "fazedores". Ficam mais preocupados com o resultado daquele mês do que em pensar em como alavancar a empresa nos próximos anos com criatividade, engajamento e propósito.

VOCÊ SÓ COBRA E REPETE RECEITAS

Se você se identifica com esse perfil, está se comportando, como expliquei no capítulo anterior, apenas no plano tático. Quando se concentra só no resultado do agora, do hoje, você é um executador. Tende a repetir o que aprendeu a dizer e fazer quando estava no operacional em vez de construir, organizar, planejar, montar projetos para criar relevância, gerar inovação, colocar peso naquilo que vai fazer a diferença no resultado a longo prazo.

Buscar o número no curto prazo continua importante. Afinal, uma empresa só fica de pé se tem resultados. No entanto, o que mais interessa é a construção de um cenário sustentável, aquele que virá com muito trabalho para sustentar seu valor futuro. Há outros ganhos, além dos números financeiros, que compõem o sucesso de uma empresa hoje: imagem, engajamento do time e dos clientes, relevância no mercado, mudança de patamar, propósito.

Para não cair nas valas comuns

Todo esse conjunto forma uma receita muito mais saborosa de crescimento. Se não for assim, você até acha gostoso bater a meta mensal, mas sente falta de algo mais consistente, encorpado e com "sabor" inconfundível. Ah, adoraria que seus superiores dessem autonomia para, por exemplo, poder criar novas fontes de receita, por exemplo?

Essa ideia da autonomia combina com quem pensa de forma tática, que espera o sinal ficar verde para executar, faz só o que esperam. Agora, eu quero ver conquistar autonomia para aquilo que ainda não está visível (às vezes, nem existe ainda), mas você enxerga por estar com pensamento e visão de longo alcance alinhados a uma estratégia.

Ao convidar quem está no seu entorno (superiores, subordinados, clientes) a pensar diferente, você se arrisca muito mais, põe a cabeça na guilhotina. Não raramente, precisará convencer seus superiores a fazer um investimento grande e arriscado a fim de colherem um resultado proporcional lá na frente.

No entanto, tenha a convicção de que salvará seu pescoço no fim das contas e se consagrará como líder. É desse segundo tipo de autonomia que o mercado mais carece hoje, do líder que se empenha em fazer transformação.

Enquanto isso, o tático acaba recebendo sinal verde para o que tem de resolver na hora; ele é bom em determinado momento, mas não para projetar a empresa a outro tamanho e a outra velocidade. Então, vamos chamar de falsa autonomia essa que o executador deseja, porque é mais para dar conta de uma obrigação, fazer o previsível, o conhecido.

Autonomia de verdade é quando você se propõe a:

> **Mudar o *mindset*, a mentalidade das pessoas;**
> **Estruturar uma atividade de forma diferente;**
> **Quebrar uma barreira, um paradigma.**

Para esses desafios que eu acabei de mencionar, você necessita desenvolver um poder de influência e convencimento baseado em argumentos, não achismos. Apesar de as informações estarem mais disponíveis do que nunca, se você não souber organizar, interpretar, ler da melhor maneira, não se sentirá confiante e não transmitirá confiança para engajar todos a fazerem diferente.

Assim, eu pergunto: como está seu poder de influência sobre seus liderados? Eles ouvem as suas orientações, contribuem e se engajam na sua estratégia? E em relação a seus superiores? Eles se interessam pelas suas ideias, entendem suas propostas e dão autonomia para aprofundar e apresentar um plano?

AUTOAVALIANDO SEU NÍVEL DE INFLUÊNCIA

Se não está conseguindo que os envolvidos "comprem" o seu plano de crescimento, significa que está tendo pensamento de execução, de cumprimento de tarefas. Na verdade, não está se arriscando, não está passando por situações por meio das quais conquistaria méritos maiores. E não consegue méritos maiores porque falta posicionamento de transformação, possível somente quando é um líder estratégico.

Vou exemplificar com um depoimento pessoal. Quando eu decidi afastar o Garoto Bombril, foi porque enxerguei uma chance maravilhosa de rejuvenescermos a marca com uma nova e impactante estratégia de comunicação que valorizasse o perfil feminino contemporâneo. Se eu fosse só um executador, manteria o garoto propaganda mais emblemático do Brasil e apenas divulgaria as novas linhas de produtos.

Preferi enfrentar a guilhotina colocando na pauta uma campanha revolucionária, com as mulheres em evidência, para trazer um contingente de consumidoras muito maior: da mulher guerreira, que trabalha fora e

Para não cair nas valas comuns

nos pede apoio para que o trabalho doméstico seja dividido. Eu podia fazer aquilo que os outros esperavam, mas eu não queria trabalhar só pelo resultado imediato.

Montei também ações que garantissem resultados a curto prazo, mas que trouxessem outros muito maiores nos anos seguintes, e chegamos a crescer quatro vezes mais do que a média do mercado. Porque o que eu estava propondo à diretoria não era só fazer o básico. Havia um propósito grandioso de mostrar a evolução das mulheres e ajudar a mudar a cabeça e a mentalidade dos homens para também cuidarem da limpeza da própria casa.

Eles reclamaram de início, elas se identificaram de cara, e foram as mais jovens que nos indicaram qual caminho seguir. Como não ouvi-las? Senti frio na barriga. Tive uma ponta de medo, que é inerente ao risco, de ouvir comentários do tipo: "Cadê o Garoto Bombril? Que absurdo tirá-lo do ar!". Só que eu sempre digo a todos que almejam acelerar na carreira para nunca se contentarem com pouco.

SE VOCÊ AINDA NÃO SE ENCORAJOU A FAZER DIFERENTE, TEMENDO QUE POSSA NÃO DAR TÃO CERTO E APAREÇA ALGUÉM CONSIDERADO MELHOR PARA OCUPAR SEU LUGAR, EU PERGUNTO: É MAIS FÁCIL TER GENTE PARA SUBSTITUIR ALGUÉM FOCADO NA EXECUÇÃO OU NA ESTRATÉGIA?

Tomara que você tenha respondido que é na execução. Eu pago para ver se a sua empresa vai substituir um líder estratégico... Insisto que está difícil encontrar pessoas que arriscam para transformar, que agregam, engajam de uma forma diferente, mudam patamares, criam relevância, fazem diferença por meio de mudanças significativas.

Quando eu me desliguei da Bombril, já integrava a unidade paulistana do LIDE – Grupo de Líderes Empresariais. Para quem não conhece, trata-se de um grupo formado por líderes empresariais de corporações nacionais e internacionais, fundado em 2003 pelo empresário, e depois político, João Dória[10] como uma forma de fortalecer a livre iniciativa do desenvolvimento econômico e social.

O grupo estava se expandindo para diversas regiões do Brasil e do mundo, incluindo o interior paulista, e fui convidado a comandar uma nova unidade em São José do Rio Preto (SP), a cinquenta minutos da minha cidade natal, Catanduva. A primeira coisa que pensei foi em não ser apenas um executador, mas sim: *Quero deixar um legado e construir um LIDE regional com muito valor agregado, então vou ter de me comportar de uma maneira diferente, como um líder estratégico.*

Já no primeiro ano, o LIDE Rio Preto foi eleito "o mais eficiente do mundo"[11] entre 35 unidades existentes. Por quê? Eu comecei a trabalhar em projetos adequando-os à realidade da região Noroeste. Enquanto, tradicionalmente, na maioria das outras unidades, havia muito mais filiados ocupando cargos de presidência e vice-presidência como executivos de carreira, o meu universo era principalmente de donos. Então, a minha linguagem e os meus projetos precisavam ser diferentes.

Esses grandes empresários têm por característica estabelecer relacionamentos numa velocidade muito maior. Então, todos os passos que eu acabei dando à frente do LIDE Rio Preto visavam aumentar a relevância desse público com engajamento para eles sentirem resultados

---

10 LIDE – Grupo de Líderes Empresariais Pernambuco. **Release LIDE 2016**. Pernambuco, 2016. Disponível em: http://www.lidepe.com.br/pdfs/release-lide-2016.pdf. Acesso em: 7 fev. 2021.

11 EMPRESÁRIOS se unem em redes para promover negócios, networking e troca de conhecimento. **E-Rio Preto**. Disponível em: https://eriopreto.com.br/noticia/empresarios-se-unem-em-redes-para-promover-negocios-networking-e-troca-de-conhecimento-nas-mais-diversas-areas/4399. Acesso em: 7 fev. 2021.

O LÍDER FORTE SABE QUE NÃO É PERFEITO, MAS TAMBÉM NÃO PODE SE CONFORMAR EM FAZER IGUAL AO QUE JÁ EXISTE.

na veia: o financeiro e também o de fortalecimento da imagem junto a de negócios, de *networking*, de trocas de experiências... Provocando-os sempre a se movimentar, se atualizar e aumentar sua influência.

A minha proposta foi entendida e abraçada. Hoje, é o maior grupo de líderes da região. E inclusive influenciei a mudança de nome para LIDE Noroeste Paulista, já que quase metade dos filiados são de diversas cidades da região, e não apenas rio-pretenses. Relacionamentos abrem muitas portas, mas são efetivos quando temos a cabeça direcionada para o desenvolvimento. Sempre digo que o maior investimento que fazemos para nosso crescimento profissional é relacionamento.

Conto isso para mostrar que não dá para ser diferente sem se arriscar a expandir a sua influência. Se você repetir a mesmice, não vai transformar nem ganhar relevância lá na frente. Sem contar que estará se arriscando muito mais a perder o seu lugar, o seu espaço, para outro mais estratégico. O tamanho do seu sucesso é o da sua relevância!

PREOCUPAÇÃO EM SER RELEVANTE

No capítulo anterior, eu alertei sobre o risco de o líder despreparado não suportar as inevitáveis turbulências, acabar perdendo o controle e cair numa vala comum, levando o negócio em que atua para o buraco do fracasso.

Talvez você tenha lido isso e se perguntado: "Como a gente sabe se está prestes a cair nessa vala comum?". Eu digo que você vai perceber de duas maneiras:

1. Quando olhar para o negócio que está liderando sem enxergar como ele será diferente nos próximos três, quatro, cinco anos. Percebe que está lutando só pelo objetivo financeiro ("ah, nós podemos crescer mais 10%"), sem gerar engajamento e propósito para mudanças de patamar nos próximos anos.

Para não cair nas valas comuns

2. Quando o resultado que vem alcançando não estiver fazendo brilhar os olhos do time abaixo de você. Porque deveriam brilhar. Eu tenho certeza de que não é só bater uma meta que faz brilhar os olhos, é você ter uma constância de como está sendo visto por todos que deveriam "comprar" suas ideias. Se todo mês é aquela loucura para trazer o resultado, significa que você só tem funcionários e clientes, não tem parceiros na sua estratégia maior.

Essa falta de brilho nos olhos se torna sufocante quando os resultados ficam cada vez mais difíceis de vir, na proporção que precisam vir, porque a sua liderança está sendo frágil. O que você mantém é apenas uma relação empresa-cliente (se tem preço, ele compra; se não tem preço, ele não compra, por exemplo) e empresa-funcionário (faz só aquilo para o que foi contratado).

Para dar um exemplo, é diferente ter uma consumidora que passou a escolher produtos Bombril porque essa empresa apoiava as mulheres, e uma promotora de vendas que sentia orgulho de trabalhar com essa marca. Portanto, se você constrói um propósito e o outro lado enxerga que esse trabalho é um começo e entende aonde quer chegar, perceberá brilho nos olhos de verdade.

Foi assim que reinventamos a Bombril, que deixou de ser uma simples produtora de esponja de aço e detergente líquido para ser entendida como solução de limpeza. A quantidade expressiva de itens que lançamos para diversificar o portfólio gerou transformação porque continha o posicionamento claro de facilitar os cuidados domésticos no dia a dia e ajudar a mulher a ter tempo para realizar seus sonhos e objetivos pessoais.

Criamos a Casa Bombril para potencializar essa mensagem. Nela, dávamos treinamentos às trabalhadoras domésticas e aprendíamos todas as suas dificuldades em cada ambiente para entender quais produtos poderiam fazê-las ganhar produtividade e ter mais tempo. Esse trabalho era útil para quem usava a marca na execução da limpeza e para a empregadora, muitas vezes, decisora da compra.

Então, tinha algo maior na minha liderança, que não se resumia a lançar trezentos itens para aumentar o faturamento, e sim trilhar um processo de consolidação como solução de limpeza. Havia a preocupação de trazer mais facilidade, de estar ao lado da mulher na sua evolução de vida, e não momentaneamente. Assim, fomos nos tornando cada vez mais relevantes.

> ## CONSTRUIR UM CAMINHO DE RELEVÂNCIA NÃO ACONTECE DA NOITE PARA O DIA.

Para mostrar que é uma construção, vou compartilhar outra experiência como consultor em marketing da Matilat[12], empresa de laticínios tradicional do Noroeste Paulista com mais de 50 anos de vida. Ela já tinha preço e era competitiva, mas faltava aquele "algo mais". Precisávamos mostrar ao mercado que não era uma empresa só de oportunidade, que estávamos trabalhando para conquistar a liderança no interior do estado.

Seu corpo de vendas é formado por representantes, portanto, sem vínculo empregatício com a empresa. Então, o engajamento precisava ser diferente. O primeiro passo foi mostrar a eles que, para crescerem a passos largos, precisavam fazer os clientes entenderem a Matilat como uma empresa estratégica e que agregaria valor.

Em busca desse posicionamento, nos comprometemos a não medir esforços para engajar todos os clientes nessa transformação de liderança, que não viria pela guerra de preços, mas sim com outras ações – por exemplo, negociando maior visibilidade dos produtos, promoções em pontos de venda,

---

12 A Matilat foi comprada pela BRQFoods no começo de fevereiro de 2021, empresa especializada em B2B. Para mais detalhes, acesse: https://www.catanduvananet.com. br/index.php/economia/3246-matilat-e-comprada-pela-empresa-brqfoods.

Para não cair nas valas comuns

presença de combos. E, assim, fomos fortalecendo tanto esse projeto que, pela primeira vez na história, em setembro de 2019, de acordo com a pesquisa da empresa Kantar, a Revista *SuperVarejo* publicou que a Matilat tinha se tornado líder em iogurtes líquidos no interior do estado de São Paulo.

Com esta conquista, além dos clientes regionais, que foram entendendo o tamanho dessa relevância, queríamos estar nas gôndolas dos grandes. Procuramos os principais *cash & carry* (também conhecidos como atacado de autosserviço ou ainda atacarejo) paulistas e explicamos o nosso projeto e essa conquista de liderança.

Queríamos uma oportunidade de mostrar a nossa força. Eles nos deram essa abertura porque viram que a marca tinha presença forte com os clientes regionais havia cinco décadas. Em seis meses, atingimos um patamar inédito nesses clientes. Em novembro de 2020, a Matilat se consolidou como líder absoluta no interior paulista pelo segundo ano consecutivo. Desde então, pratica um jogo diferente, sendo estratégica *junto* dos parceiros, numa relação em que ambos os lados se valorizam.

Infelizmente, a maioria dos líderes comerciais vem com o discurso de "precisamos crescer tanto" e só coloca o próprio interesse na mesa de negociação, sem se preocupar em também ser relevante ao negócio de cada cliente.

SERÁ QUE VOCÊ ESTÁ AGINDO NESSA RODA DA POBREZA, QUE NÃO AGREGA VALOR E QUE SÓ GIRA EM TORNO DE ARGUMENTOS DE VENDAS QUE QUALQUER UM PODERIA TER?

Quem trabalha somente com preço não necessita de esforço para agregar valor. Precisamos apresentar uma proposta diferente de geração de valor, estratégia e propósito. A seguir, vou exemplificar essa diferença no setor de redes de supermercados.

SEM DIFERENCIAÇÃO, VOCÊ É MAIS UM

A *Whole Foods Market* é uma rede de supermercados que faz muito sucesso nos Estados Unidos oferecendo produtos de bastante valor agregado. Tem um conceito maravilhoso de saúde enraizado em tudo que você faz lá dentro, da refeição que realiza no local às compras de itens naturais e orgânicos que levará para casa.

Esse propósito vem correndo no mundo fortemente. No Brasil, a Natural da Terra é uma das varejistas que vendem esse conceito com muita clareza. Quem frequenta, obviamente, está engajado na busca pelo frescor da imagem "do campo para sua casa", topando pagar por esse tipo de entrega.

Já quem trabalha fielmente a decisão pelo preço está optando pelo caminho oposto nesse mercado do varejo. Se é essa a estratégia que você quer para sua empresa, então lute com civilidade e use uma linguagem clara sobre o seu posicionamento - como fazem Atacadão, Tenda e Assaí.

Se o objetivo final é preço, o consumidor entende que deve ir a um *cash and carry*, como o Atacadão. Se prioriza uma alimentação mais natural, há outras bandeiras com esse valor agregado, como Natural da Terra e Oba. Se busca produtos de alta qualidade associados a um atendimento diferenciado, pode escolher o St. Marche.

O que não dá, e é inaceitável, é a empresa ficar no meio-termo, no que eu chamo de vala comum. Ou você a lidera para um lado ou para o outro. Em cima do muro, e agindo como os outros, não vai fazer a diferença. Isso está diretamente relacionado à força ou fragilidade de cada líder, mostrando quanto se posiciona para buscar respeito e transformação.

Como líder, você precisa entender que tem poder de mudança. Use-o para ações que ficam, e não para sucessos de curto prazo, como ocorreu com o *boom* das paletas mexicanas e as casas de *frozen yogurt*. Digamos

Para não cair nas valas comuns

que, em geral, o criador de um modismo fique rico, mas os outros que abraçam esse tipo de negócio quebram. Qual é o seu valor hoje?

Sem diferenciação que se sustente mais a longo prazo no mercado e ofereça chances de crescimento, esse líder perdeu oportunidade de criar uma história longeva para aquela inovação que fez. Por outro lado, você sustenta essa relevância quando a sua influência continua no mesmo tom, tendo coerência e evidenciando estar em processo de evolução contínua.

Abílio Diniz, o empresário bilionário que transformou a doceria do pai num gigante nacional, Grupo Pão de Açúcar – GPA (atualmente controlado pelo grupo francês Casino), sempre será reconhecido por seu estilo de liderança ousado e agressivo, mas também por ser um disseminador incansável de hábitos saudáveis para ter longevidade.

Destaco ainda os profissionais que levaram a marca Havaianas para o mundo e a reinventam constantemente, fazendo esse produto inconfundível lançado nos anos 1960 ganhar valor com sua irreverência e influência. Chegou a ter edição especial com acabamento em ouro e diamantes (em parceria com a joalheria H.Stern) e a posicionar-se pela diversidade, não diferenciando produtos por gênero em seu *e-commerce*.

Óbvio que líderes assim crescem muito e geram impacto ao seu redor. É o que fazem os da Magalu: vêm provocando mudanças em muitas outras empresas que querem trabalhar e atuar nesse setor. É o que faz Guilherme Benchimol, da XP Investimentos, transformando o mercado financeiro com o propósito de ajudar os brasileiros a investirem melhor.

Em seu material institucional,[13] Guilherme conta que "se você não tem um *to do* [o que fazer] muito claro, a empresa te leva; e quem tem de levar a empresa é você". E assume que, no comecinho, em 2005, era muito

---

13 #PORDENTRODAXP - Nossa história, por Guilherme Benchimol. 2019. Vídeo (7min-13seg). Publicado pelo canal XP Ivestimentos. Disponível em: https://www.youtube.com/watch?v=yqLDsxFtDnc. Acesso em: 22 out. 2020.

bom na execução. "Depois de um tempo, se você continuar botando a mão na graxa, a empresa não dá o próximo passo", alerta.

Esses líderes prontos para tudo querem deixar um legado saindo na frente com estratégias inovadoras alinhadas a um propósito e, consequentemente, adquirindo relevância. E olha que triste: a maioria das pessoas não será mencionada num livro como exemplo por ter colaborado para uma mudança grande de mentalidade, de comportamento, de cultura. Continuará sendo apenas um ponto de uma história.

Você cria legado quando muda uma rotina até que as suas decisões expandam de tal forma que mudem uma cultura. Você se preocupa em deixar o *seu legado* sendo protagonista de alguma transformação muito maior do que perseguir o resultado do fim do mês? Ou você corre o risco de ser lembrado apenas como mais um?

Proponho que tire um pouco seu olhar do caixa da empresa e olhe para os lados, a fim de perceber qual é o impacto que está criando ao seu redor. Vai ajudar conhecer, no próximo capítulo, os principais fatores que podem estar atrapalhando o seu processo de evolução para eliminá-los do caminho quanto antes.

ESSA FALTA DE BRILHO NOS OLHOS SE TORNA SUFOCANTE QUANDO OS RESULTADOS FICAM CADA VEZ MAIS DIFÍCEIS DE VIR, NA PROPORÇÃO QUE PRECISAM VIR, PORQUE A SUA LIDERANÇA ESTÁ SENDO FRÁGIL.

CAPÍTULO 3 /

MAL TREINADOS PARA RESOLVER AS SITUAÇÕES

O ser humano só cresce quando é exposto ao seu limite máximo. Contudo, essa é uma verdade que muitos de nós resistem a absorver, principalmente pelo medo do julgamento. Como eu disse, com vento a favor, *fica fácil* você tocar o barco, pois não são exigidas tantas atitudes e competências para remar na direção certa, a do propósito. Dirigindo numa estrada recém-capeada, *fica fácil* convencer aos outros e a si mesmo de que é fantástico ao volante. Em cenário favorável, *fica fácil*...

Quem se acostuma a atuar nessa zona de conforto só vai se dar conta de que não cresceu quando for exposto a algo que, de fato, sai da normalidade, alguma turbulência ou crise daquelas! Justamente quando é esperado – e necessário - que esse profissional se mova de uma forma diferente, que reconduza "o barco" ou "o carro" para o objetivo. Aí é que a pessoa reconhece a experiência que falta por não ter enfrentado problemas, por ter tido, até ali, uma vida muito normal, padrão.

Ainda não ter enfrentado problemas é um dos fatores que explicam essa carência nas empresas de líderes prontos para tudo. Em geral, aprendemos a fugir das "batatas quentes" que vêm parar no nosso colo, uma vez que fomos treinados a:

1. Enxergar problemas como barreiras, não como desafios para aprender.
2. Ver as marcas que a vida nos deixa como memórias das dores e sofrimentos, e não das conquistas.
3. Procurar culpados pela nossa situação (Deus, o mundo, o governo, o chefe, os outros) em vez de assumir que somos o agente de transformação na nossa vida, família, empresa.
4. Agarrar-se ao poder e tentar acomodar a situação em vez de enfrentar logo e resolver.

Infelizmente, é assim que muitos agem em qualquer posição que ocupam na vida, sobretudo quando são líderes. E o modelo vai se perpetuando. Ainda mais porque, se saem da zona de conforto e se expõem, são julgados; e aí as fragilidades ficam evidentes.

O ser humano, em geral, tem medo de se mostrar frágil e não sabe como revelar esse lado por achar que o peso do julgamento vai acabar com a carreira dele, vai detoná-la. E é o contrário: essa suposta fragilidade pode impulsioná-lo a dar uma guinada, achando caminhos melhores para seguir com aquilo que consegue levar nas costas.

> **UMA COISA É VOCÊ SE ACOMODAR NA FRAGILIDADE; OUTRA É SE EXPOR PARA SUPERÁ-LA.**

É bem diferente mesmo! Para questionar esse modelo tão prejudicial à realidade complexa em que vivemos, precisamos estudar a fundo esses quatro fatores que acabei de listar. Há outros, mas escolhi os que

Mal treinados para resolver as situações

considero bastante prejudiciais nos dias de hoje. Identificá-los facilitará se livrar deles quanto antes para, assim, manifestar uma liderança forte, com estratégias que alavancam os negócios e sua carreira juntos.

CAUSA 1: ENXERGAR PROBLEMAS COMO BARREIRAS, NÃO COMO DESAFIOS PARA APRENDER

Quando a pessoa se atola nos problemas, sente dificuldade de enxergar que não existe o impossível e de olhar para os lados a fim de buscar novas soluções. Então, só vê barreiras. Poucos líderes passam por problemas e assumem: "Eu sou frágil nesse assunto, então vou aprender, mesmo que eu seja julgado, crucificado; e sei que vou sair dessa em outro patamar, porque apanhei para estar de cabeça erguida e superar com a casca mais grossa". Ter essa consciência levaria esse profissional para muito mais longe.

Um exemplo claro eu tive quando presidia a Bombril. Estava no ápice. Até que, em 2015, uma crise gigantesca no Brasil elevou o dólar de 2,80 para 4 reais. Uma parte significativa de nossos insumos era importada. Então, imagine os desdobramentos! A Bombril entrou num processo difícil de ser administrado em decorrência desse efeito de mudança no mercado.

Havia uma pressão enorme para que os preços não fossem repassados na mesma velocidade que os custos aumentavam. Como fechar essa conta? O que eu sabia era que jamais tentaria fugir do problema pelo qual a empresa estava passando e que refletia na minha liderança. Enfrentei para aprender muito e rápido com aquela situação inédita na minha carreira.

No meio daquela turbulência toda, eu pensava: *Estou sofrendo, é uma fase difícil, mas vou sair dessa mais forte*. Foi quando tive a oportunidade de:

> ❯ **Me debruçar num demonstrativo de resultados e aprender real e profundamente linha a linha;**

> Negociar com bancos;

> Entender muitas das fragilidades de uma empresa grande e das minhas.

Atualmente, quando inicio consultoria numa empresa, sou sincero na minha apresentação:

— Não tem um problema que você possa me apresentar, ou pelo qual venha a passar, que eu já não tenha vivido.

Importante entender que essas curvas e nuances que acontecem na nossa vida devem ser olhadas como aprendizados. Temos mais é que nos entregar aos ensinamentos que os problemas trazem (e alguns são aulas que vários MBAs juntos não superam!). Sabe por quê?

NÓS NÃO SABEMOS TUDO. E NÃO É PORQUE CHEGAMOS À LIDERANÇA QUE TEMOS A OBRIGAÇÃO DE SABER TUDO. TENDO A NOÇÃO DO PRÓPRIO TAMANHO E ESPAÇO, VAMOS RECONHECER QUE PRECISAMOS MELHORAR, NOS APROFUNDAR E TER MAIS GENTE JUNTO PARA RESOLVER A SITUAÇÃO.

Isso combina com o que eu vivi na prática, mais do que nunca, quando ocupei a presidência da Bombril, uma companhia com 3 mil funcionários dependendo das minhas atitudes. Amadureci uns cinco anos em onze meses, profissionalmente falando, naquele processo de luta que me fez encarar todas as minhas fragilidades. Tal sofrimento me deu aprendizados únicos.

Enquanto um tipo de líder se atola nos problemas, há outro que fica tentando escapar, fugir deles. É uma ilusão achar que dá para ter sucesso, ser bem-sucedido, sem sofrer. Atletas sofrem para ganhar a medalha de ouro.

Mal treinados para resolver as situações

O líder despreparado acha que o sucesso tem de ser gradativo e sem sofrimento; e eu acho que não. Ele não entende que, se não souber resolver, a empresa não é para ele. Além disso, esse sucesso gradativo e sem sofrimento não deixa legado que marca história. Aqueles problemas que levam você ao limite da sua resistência são os que acabam mudando patamares. Você passa a ser visto de maneira diferente porque se provocou e saiu das valas comuns. Você se desafiou e, como sempre falo, "colocou a cabeça na guilhotina".

Tanto que um dos pontos da liderança forte é enxergar desafios, e não barreiras que significariam manter as fragilidades como cenário principal, ou seja, enxergar só as coisas ruins. Aquele que vê mudança a fazer diante de determinado problema vai lidar com a situação enxergando-a como desafio, percebendo que esse ponto fraco é, na verdade, oportunidade.

Quando estou dando consultoria a uma empresa, e o time sugere "vamos fazer uma análise SWOT?", eu topo, mas aviso que não ponho fraquezas. Para quem não conhece, trata-se de uma ferramenta muito usada para planejamento estratégico para identificar as forças, fraquezas, oportunidades e ameaças de um projeto ou negócio. Só que, em vez de destacar os pontos fracos detectados, já os transformo em oportunidades a serem desenvolvidas.

Você pode estranhar e me perguntar: "Marcos, calma aí, você não assume as fraquezas?". Eu não as ignoro, mas também não as apresento como dificuldades ou barreiras. Só as enxergo como desafios a vencer. Faço isso com frequência nas minhas consultorias. E adoro quando estou com alguém de currículo estrelado que propõe: "Vamos planejar?". Opa! Só que fraquezas, eu não ponho.

Sou o primeiro a admitir que tudo que tenho de errado ou de ruim, eu posso mudar e aprimorar. Depende de mim. Estou sendo fiel ao que mais sei fazer na vida, pois sou um especialista em atitudes de liderança e empreendedorismo.

SE ACREDITO FIELMENTE QUE AS PESSOAS MUDAM PELAS ATITUDES, COMO COLOCARIA HOLOFOTE NAS FRAQUEZAS?

Eu não quero nem que as equipes de trabalho foquem as fraquezas. Melhor pensar que foram essenciais para levantarmos as oportunidades, sem que sejam encaradas como barreiras, para avançar naquele projeto ou negócio. Vou dar um exemplo hipotético de análise SWOT a seguir. Antes, saiba quais eram as seis fraquezas já transformadas em oportunidades no quadro:

1. Estrutura interna muito júnior sem definição clara de *job description*;[14]
2. Distanciamento salarial entre os gestores;
3. Gestão sem vínculo CLT;
4. Ausência de orçamento anual;
5. Falta de metas claras por departamento e com vínculo ao objetivo maior da empresa;
6. Gestão sem acompanhamento dos resultados financeiros mensais, impactos em fluxo de caixa e margem dos produtos.

Embora fosse mais fácil a um consultor apontar o defeito, o negativo, na análise SWOT já coloco a parte estimulante, proativa, direcionada para as soluções. O planejamento estratégico deve mostrar como vamos resolver. Segue o exemplo.

---

14 Termo em inglês bastante utilizado em empresas que descreve as tarefas gerais, ou outras relacionadas, e responsabilidades de um cargo.

Mal treinados para resolver as situações

ANÁLISE SWOT DA EMPRESA X

FORÇAS
- 15 anos no mercado.
- Olhar para a inovação tecnológica.
- Decisões rápidas.
- Empresa com nova gestão.

FRAQUEZAS

OPORTUNIDADES
- Desenvolver projeto de cargos e salários e plano de carreira.
- Desenvolver planejamento estratégico que resulte num plano anual com divisão de metas mensais.
- Desenvolver gestão financeira para tomada de decisões ligadas ao caixa.
- Engajamento comercial interno/externo.
- Construir painel de vendas.
- Desenvolver indicadores de gestão e produtividade (KPIs) por área.
- Melhoria na geração e controle dos LEADs (definições de personas e ferramentas).
- Melhorar processos internos e externos.

AMEAÇAS
- Empresas com ações expressivas na região.
- Cenário político-econômico instável.
- Relação com bancos privados.

CAUSA 2: VER AS MARCAS QUE A VIDA NOS DEIXA COMO MEMÓRIAS DAS DORES E SOFRIMENTOS, E NÃO DAS CONQUISTAS

Infelizmente, o líder despreparado menospreza muito isso. Obviamente, estou falando de marcas na sua história de vida, e não as estéticas. Sabe aquela pessoa que passa por problemas e diz que quer esquecer, apagar da memória? Muito melhor seria valorizar o que está aprendendo com isso.

Para um executivo estratégico, cada ruga foi importante. A gente tem mania de só se lembrar do sofrimento ("eu não mereço"), e não da marca gerada nem de que sobreviveu ao baque, enquanto muitos cairiam. Eu tenho rugas, sim. Passei por poucas e boas, mas estou aqui há vários anos com saúde, porque passei, venci, fui para a frente.

Muitos de nós olham as marcas sentindo pena, dó de si mesmos, sem se dar conta de que foi por causa delas que avançaram – ver por esse prisma nos fortalece. Têm de servir como conquistas. As brincadeiras relacionando cabelo branco à sabedoria e maturidade têm um fundo de verdade. Há quem diga: "Sei o significado de cada fio". Quantas pessoas têm cabelo branco nascendo e não sabem por quê? A vida foi passando, e elas não estavam atentas.

Um pai que perdeu o filho de 21 anos para o câncer me ensinou muito. Ele me disse:

— Estou tão grato que Deus me fez ser pai desse cara e me deixou viver por 21 anos com ele! Não foi com você, não foi com outra pessoa, foi comigo.

A meu ver, a morte de um filho é a marca mais dolorosa de todas. Mesmo assim, esse pai ensina que a gente escolhe se vai se deixar dominar pelo sofrimento ou extrair algum sentimento bom e que nos mova para a frente. Os olhos desse pai enxergaram gratidão.

Que tal olhar a grandeza por trás de uma marca que ficou na sua vida, seja pessoal, seja profissional? Quem é capaz de levantar a mão depois de uma crise de saúde ou financeira e reconhecer: "Eu precisava passar por isso para olhar o mundo de um jeito diferente"?

Sabe aquele restaurante, loja de acessórios *fitness*, pequena indústria que nunca fizeram delivery? Vários experimentaram, porque as circunstâncias econômicas exigiram, e acabaram descobrindo ser melhor fechar o atendimento presencial e ficar só com as entregas. Muito provavelmente o dono desses negócios falou na frente do espelho: "Por que eu nunca pensei nisso?".

Tomara que hoje ele se sinta satisfeito com a sua conquista ("Eu tive que passar por uma crise, encarei e venci"). Enquanto isso, outros restaurantes e lojas nem ao menos testaram o sistema delivery até hoje, porque não acreditaram. Preferiram ficar alimentando o problema, o sofrimento, o faturamento caindo, os pagamentos em atraso...

O SER HUMANO, EM GERAL, TEM MEDO DE SE MOSTRAR FRÁGIL E NÃO SABE COMO REVELAR ESSE LADO POR ACHAR QUE O PESO DO JULGAMENTO VAI ACABAR COM A CARREIRA DELE, VAI DETONÁ-LA. E É O CONTRÁRIO.

Você escolhe como quer viver uma turbulência, uma crise. Quando vem uma dificuldade, que inevitavelmente vai gerar uma marca, você terá de decidir se alimenta o sofrimento para um período precioso da vida ou se vai encarar e vencer, avaliando depois: "Eu precisava ter passado por isso para crescer".

Marcas fazem parte da minha história de vida, e é por causa delas que hoje eu sou do tamanho que sou. Foi pelo que passei para conseguir me formar, me empregar, me desenvolver, formar uma família, empreender, construir a experiência que compartilho em consultorias, palestras, livros.

A Bombril, logo depois de eu pedir demissão, me ofereceu o suporte de uma empresa voltada ao reposicionamento de executivos no mercado. Conversando com uma consultora, ouvi:

— Daqui a um ano você estará rindo de tudo isso.

Na hora, fiquei muito bravo com o comentário. Mas hoje entendo claramente que não é um riso de deboche. É olhar para trás e falar: "Cara, tenho na minha história a marca de ter enfrentado uma crise que me fez olhar o mundo diferente e que 'startou' um novo projeto de vida, passando a empreender na minha empresa". Essa consultora me lembrou:

— Você sabe quantas pessoas, na sua idade, têm a oportunidade de viver o sonho de trabalhar como quer, com o que quer, e reserva financeira para isso? Menos de 1%. Então, por que você não vai colocar em prática aquilo que sente vontade e para o que está preparado?

Eu fui voar com as minhas asas, minha visão e garra típicas de uma ave inspiradora, conforme detalhei no meu livro *Vendedor falcão*[15]. Passei por muitas conquistas, resolvi muitos problemas, estou em outra realidade – e muito bem, obrigado. A principal marca, sem dúvida, é a de ex-presidente da Bombril. Que delícia ter tido essa experiência! É uma marca de uma fase difícil pela qual eu precisava passar, encarar e transformar.

---

15 SCALDELAI, Marcos. **Vendedor falcão**. São Paulo: Planeta, 2016.

NÃO EXISTE COINCIDÊNCIA. EXISTE PROVIDÊNCIA. SE A GENTE ESTÁ PASSANDO É PORQUE DEVERIA PASSAR. E TEM DE ASSUMIR.

É complicado quando a pessoa não assume e teme que essas marcas fiquem cravadas no peito, sangrando. Eu mantenho contato com muitas pessoas que viveram comigo várias situações do passado, e comentamos que problemas que pareciam gigantes, hoje, são grãos de areia perto dos ganhos em experiência, conhecimento, jogo de cintura, determinação... Não é para carregar como um peso. Uma ruga, uma testa franzida, serve para mostrar quanto você efetivamente batalhou para chegar aonde chegou.

Se você alcançou sucesso sem nenhuma marca, não tem o gostinho declarado da conquista. Pense na Ivete Sangalo, que estrelou campanha publicitária da Bombril na minha gestão. Cantora, compositora, multi-instrumentista, atriz, apresentadora e empresária incrível. Quantas vezes bateram a porta na cara dela? Essa mulher perdeu pai e irmão, vendeu marmitas antes da fama... Quantas marcas foram deixadas na sua trajetória de sucesso?

Silvio Santos é outro excelente exemplo. Sua história como camelô não é para esconder, é para valorizar, honrar. Esse exímio comunicador, o melhor de todos na minha opinião, a quem reverencio como empresário também, tem uma marca que carrega para sempre.

Lembro-me do dia em que conheci, nos corredores de uma emissora, uma apresentadora de TV. Eu estava com uma amiga que estudou com ela.

— Lembra-se de mim? Estudei com você. — Comentou essa amiga.

— Não me lembro daquela época. — Respondeu a apresentadora, cortando o assunto.

É o que eu digo: quanto mais o líder frágil sobe e acha que está com sucesso, mais tenta esconder as marcas que colaboraram para esse resultado. Só que, de repente, pode vir uma marca muito maior. E é provável que ele não saiba lidar com ela por ter tentado esconder as anteriores, em vez de aprender com elas. Ao fazer isso, não fortalece as fragilidades nem descobre como resolver problemas.

É fortalecedor contar: "Saí do interior paulista com a cara e a coragem para estudar Marketing na capital, em 1995. Sou filho de professores de escola pública e tive auxílio financeiro de um empresário para fazer o ensino médio em colégio particular e também para essa graduação. Não passei fome, mas não tinha dinheiro para nenhum conforto. Chorei sozinho várias vezes, sem dividir minha solidão com meus pais para não os preocupar. Essa é minha história. Eu estou aqui porque passei por isso".

SEUS VALORES PESSOAIS E SEU VALOR PROFISSIONAL SÃO MOLDADOS PELAS MARCAS QUE VOCÊ CARREGA.

Tomara que você também tenha história para contar. Decida agora: vai esconder as suas marcas ou quer ser visto por inteiro, de verdade? Quem quer ser visto mostra suas marcas em vez de criar outras explicações mais "coloridas". Ao observar essa leva de líderes aplaudidos por causa de apenas uma ideia que vingou, eu pergunto: qual é o amadurecimento como ser humano?

Não é uma questão de idade, pois muitos líderes jovens já passaram por algumas marcas, mesmo que tenham ocorrido na vida pessoal. Elas contribuem para dar coragem e outros recursos internos no enfrentamento de um problema profissional. Quem é pai ou mãe, como eu, pode provocar esse processo dentro de casa. Nós temos que expor nossos filhos aos problemas para que resolvam. Essa história de que "bateu o carro, papai manda consertar" não pode ser.

Dou esse exemplo simples para mostrar a necessidade de fazer as marcas virarem valores no futuro. É difícil preparar um líder para tudo quando ele teve uma base familiar de só passar a mão na cabeça, de sempre ter alguém

Mal treinados para resolver as situações

carregando-o para lá e para cá. Encarar desafios, mesmo que ganhe algumas marcas de frustração, vai fazê-lo voar, desapegar da zona de conforto e ter oportunidades de crescimento que vão atrair conquistas.

CAUSA 3: PROCURAR CULPADOS PELA NOSSA SITUAÇÃO EM VEZ DE ASSUMIR QUE SOMOS O AGENTE DE TRANSFORMAÇÃO

Problemas acontecem nas melhores famílias e empresas. Então, de que adianta simplesmente crucificar o mundo, o país, o sistema, isso e aquilo?! Num dos vídeos que postei no meu canal do YouTube sobre ser líder, alguém comentou um ponto bastante comum: "Isso aí, Marcos... mais gente liderando pessoas, menos gente reclamando de pessoas!".

É fácil dar desculpas, como faz aquele tipo de líder que culpa a equipe pelo resultado, eximindo-se da sua responsabilidade de colocar as pessoas certas nas posições certas. Esse é o principal desafio dele, ora! Portanto, se a equipe é frágil, esse líder é frágil. Quer enganar quem?

A gente vê que, às vezes, esse tipo tem muito discurso e pouca consistência. É que o líder frágil gosta de enveredar por um caminho filosófico. Prega conceitos sobre como *a humanidade* deveria pensar e agir, mas não mostra resultados, não transforma nada nem inspira pelo seu exemplo. E, pode reparar, esse facilmente se contradiz – lógico, "suas ideias não correspondem aos fatos", como já dizia Cazuza;[16] a prática não confirma suas palavras e boas intenções.

Isso é tão evidente! Eu converso com muita gente e percebo de cara quem tem grande fragilidade camuflada num discurso de que os outros estão errando sempre. Uma característica que considero um grande sinalizador: ser

---

[16] O TEMPO não para. Cazuza. *In:* O tempo não para. Rio de Janeiro: PolyGram, 1988. Faixa 6.

um líder de escritório, que não vive o chão, não vai para a rua e não vive a raiz do que é a empresa. Ele não vai enxergar como fazer a diferença nesse comando por ter um campo de visão tão restrito, limitado, até míope.

Um grande líder é aquele que sabe escolher as pessoas certas para cada uma das funções; e isso não quer dizer estar sentado esperando que os outros façam. Ele precisa vivenciar junto dessas pessoas o que está sendo feito, porque só assim vai saber liderar mudanças.

Ser um líder jovem e com pouca experiência em orientar equipe pode ser um dificultador, mas não é impossível. O que vale é a força da sua atitude, da sua vontade e do seu exemplo. Independentemente do tempo no mercado de trabalho, o que importa é a forma como vai se debruçar naquele momento difícil e se enxergar para superar.

Se encarar a crise que bate de repente despindo-se de arrogância para entender seus pontos fracos e fortes e o peso da sua solidão, vai tirar melhor proveito para se desenvolver. Se, porém, achar que aquele momento é traiçoeiro, que "é o mundo que está passando, não eu" e não se enxergar como o agente do problema, tanto faz ser jovem ou maduro... vai decepcionar.

Ninguém gosta de escutar discurso de fracasso, como: "Meu faturamento despencou para 10% por causa da crise, e eu precisei demitir boa parte dos funcionários". Em compensação, as pessoas adoram saber de histórias como a do empresário do ramo de pescados Júlio Cesar – que em 2020 duplicou seu lucro líquido mensal em plena pandemia do novo coronavírus. Não foi mágica. Ele colocou a cabeça para funcionar e fez o contrário do que intuiu que seus concorrentes fariam, conforme vou detalhar no capítulo 11.

Esse exemplo ilustra o que as pessoas querem ver: luta para *não ter* o fracasso (ou minimizá-lo ao máximo) em vez de cruzar os braços e só buscar culpados para *se defender* do fracasso. Não adianta alegar que "o mundo é assim", "a crise é geral". Se abalou tremendamente o seu negócio,

Mal treinados para resolver as situações **61**

você é o agente do problema porque deixou que a dificuldade batesse no seu ombro, caísse no seu colo, chegasse da forma que chegou até você.

É nessa hora que damos valor ao nosso bom senso, reconhecendo que estava adormecido, mas que pode ser utilizado como boia de salvação.

CAUSA 4: AGARRAR-SE AO PODER E TENTAR ACOMODAR A SITUAÇÃO, EM VEZ DE ENFRENTAR E RESOLVER

Numa hora difícil, você se olha na frente do espelho e também entende que, quanto mais sobe na carreira, mais sozinho fica. Não dá para fugir do sentimento de solidão. Porque a dor é sua. Ou você se joga na situação e aprende ao máximo para tomar as rédeas da solução ou simplesmente será absorvido, engolido pelo problema.

As pessoas têm essa dificuldade porque encaram a liderança como lugar de poder. Se eu tenho poder, tudo o que vier eu vou resolver com esse meu poder. Por mais que tenha um time colaborativo e dedicado, você é colocado à prova e se vê exposto a decidir o caminho, a venda, a compra, a entrada, a saída, o preço, a atitude, o sim e o não.

A decisão do líder é a que vai valer. É quando dá a cara a bater e fala: "*Eu tive que tomar a decisão para o meu time conseguir realizar essa meta*". A solidão vem porque você terá que levantar a mão e falar como vai agir pelo bem da empresa para que ela aguente a turbulência e se fortaleça. A sua força de comando será testada ao limite máximo, como avisei no início deste capítulo.

Poder é isso. Tem esse lado nada glamouroso, que muitos não querem ver. Digamos que o profissional seja alçado a líder e apresente uma proposta maravilhosa. Entretanto, bate uma crise, e todos esperam que ele tenha coerência, visão, estratégia, agilidade para adaptar essa proposta ou trocar por outra mais eficiente.

A falta de preparo para responder à altura faz com que alguns líderes queiram acomodar a situação. É típico dos apegados ao poder, que disfarçam sua fragilidade negando, minimizando ou simulando estar resolvendo – muitas vezes de forma irresponsável, pois sabem que a bomba vai estourar mais na frente e poderá queimar pessoas e negócios. Podem até superar a crise mantendo-se no poder, mas é visível que não aprenderam nada, não amadureceram e não inspiraram ninguém.

Sinais bem comuns dessa acomodação são tentar desviar o foco do problema, dizer "não é tudo isso que estão alarmando" e ficar reclamando do mundo, dos outros, da má sorte, ao mesmo tempo em que minimiza os efeitos da sua falta de atitude. Admito que demorei a enxergar o tamanho da bola de neve que se formava, depois da subida do dólar, quando presidia a Bombril. Até o dia em que tive que encarar o problema, que dependia demais da minha atitude.

> **O LÍDER PRONTO PARA TUDO SE DESAFIA O TEMPO INTEIRO. E QUANDO SE PROPÕE A TRABALHAR COM UM PROPÓSITO, ESCAPA DA TENTAÇÃO DE QUERER ACOMODAR A SITUAÇÃO.**

Se fosse possível voltar àquela fase difícil que passei na Bombril, sabe o que eu faria diferente? Teria me questionado: "Qual é o meu propósito? É ser feliz, e o resto deve vir em conformidade a isso". Então, uniria esse propósito à minha trajetória na liderança para levantar mais rapidamente a mão e decidir: "Agora é assim, agora é assado".

Pode ser que você esteja, neste exato momento, diante de uma situação difícil como a que passei. Ao enfrentar e resolver, em vez de acomodar, com certeza vai sair dessa maior e mais forte. É possível passar por essa turbulência sofrendo menos e tomando decisões melhores. Trago, a partir do próximo capítulo, dez atitudes presentes nos líderes prontos para tudo para você treinar já.

OU VOCÊ SE JOGA NA SITUAÇÃO E APRENDE AO MÁXIMO PARA TOMAR AS RÉDEAS DA SOLUÇÃO OU SIMPLESMENTE SERÁ ABSORVIDO, ENGOLIDO PELO PROBLEMA.

CAPÍTULO 4 /

AS DEZ ATITUDES DOS LÍDERES PRONTOS PARA TUDO

Faço um chamado especial ao treinar pessoas para que se tornem essa liderança pronta para tudo, que está sendo tão requisitada e necessária nos negócios atuais. Meu alerta é para a importância de se preparar, a fim de resistir às turbulências e, principalmente, existir depois delas, continuando com a sua relevância.

Quem se prepara não se rende às circunstâncias imediatas. Mas, sim, planeja o que será a sua empresa nos próximos anos, com visão de longo alcance traduzida em estratégias. Atinge o sucesso, e se mantém nele, por extrapolar a descrição do cargo e as expectativas de todos entregando um futuro sustentável.

Nunca aceita metas tímidas nem frases como "vamos esperar para ver o que acontece", porque só trabalha para colher desenvolvimento com valor agregado. Ou seja, quer contribuir para maiores ganhos além do resultado financeiro imediato, a fim de que a empresa se diferencie e tenha cada vez mais relevância no seu mercado, por exemplo, melhorando a percepção de imagem da marca.

É aquele que sempre faz os envolvidos num projeto, negócio, desafio olharem para a frente – porque, para ele, passado não existe mais. Já foi.

Como se diz, quem vive de passado é museu. Esse líder também sabe que, embora não tenha controle sobre fatores externos, ele precisa decidir hoje como vai ser amanhã e depois. Escapa sempre das zonas de conforto e busca alternativas que tirem todos da mesmice, porque só assim vão crescer, pensar diferente, agir diferente.

> **LÍDERES QUE RESISTEM SE PREOCUPAM COM O RESULTADO DO MÊS E AINDA MAIS COM A CONSTÂNCIA DO CRESCIMENTO. À FRENTE DAS EQUIPES, SÃO A FORÇA MOTRIZ QUE MOVIMENTA PARA O ALTO, PARA O NOVO, PARA A SOLUÇÃO. E DECRETAM: "VAMOS OLHAR PARA OS PROBLEMAS, RESOLVÊ-LOS E FAZER ACONTECER". QUEM NÃO QUER TRABALHAR COM ALGUÉM ASSIM?**

Quem se prepara está o tempo inteiro tendo ideias para ficar longe das valas comuns, buscando maneiras de não depender de um processo tradicional de escadinha para chegar ao nível de gerenciamento e, só assim, obter crescimento profissional. Esse líder busca fazer o que os outros não fazem para incomodar positivamente o sistema e o seu entorno, com o intuito de provocar mudanças.

Isso é muito importante, porque mostra vontade de crescer mais e mais. Quando você tem essa consciência de que precisa "sair da caixa" e se colocar em situações desafiadoras para evidenciar seu nome (e resultado), está provocando o seu amadurecimento. Você mesmo pressiona que seu raciocínio vá além e que as suas habilidades sejam postas à prova para ver quanto está apto a lidar com tudo que acontece na empresa.

É por tudo isso que esse perfil faz total diferença nos momentos mais turbulentos pelos quais todos os negócios passam. E eu desejo que você

As dez atitudes dos líderes prontos para tudo

queira ser essa força motriz, assumindo o papel de um verdadeiro líder e aprendendo a ser forte para enfrentar e superar qualquer adversidade. Um líder forte:

1. **Luta muito;**
2. **Engaja muito;**
3. **Aprende (e ensina) muito;**
4. **Olha muito para os lados e para si, pois quer se conhecer melhor;**
5. **Persiste naquilo que vai dar frutos!**

Enfim, é um **líder pronto para tudo** e todas as situações, um líder resistente. Seu posicionamento é: "Eu vou fazer isso, porque amanhã terá uma nova crise, que vai me pegar mais preparado para ser a força motriz de novas transformações".

São tantas coisas que acontecem capazes de abalar os planos de sucesso de uma empresa! Às vezes, um descuido de processo ganha efeito bola de neve e atropela um sistema que parecia estar "redondo". E você, como líder, tem de tomar a atitude certa (vou detalhar dez imprescindíveis), na hora certa, para o problema certo. Só assim vai se manter de pé, firme e forte – porque quem resiste, existe.

Para resistir, você procura entender o seu papel ao se envolver em tudo que abrange o seu sistema. Para resistir, e assim existir, chama para si a responsabilidade de buscar a melhor saída. Entra de cabeça na dificuldade – já propondo oportunidades de mudança – e vai lutando com todas as armas possíveis.

Não é que a empresa dependa somente de uma pessoa, mas a sua atitude em prol dela também causará uma transformação (para melhor!) em você. Tenha a certeza de que tudo que está passando e vai passar ali potencializará o seu crescimento profissional. Basta pensar que um líder pronto para tudo....

> **Aprende**, porque é na dificuldade que se colhe os melhores frutos.

> **Se olha** para enxergar o tamanho e a intensidade de cada passo diferente que vai dar.

> **Persiste**, porque só persiste quem é um grande líder, um agente de transformação. Sempre temos o "não", então, como verdadeiros líderes, precisamos buscar maneiras de conseguir uma resposta diferente.

> **Passa pelas turbulências** e **aproveita para crescer**, porque se arrisca a fazer diferente dos concorrentes diante da mesma situação. Com tudo isso, fica mais forte.

TRANSFORMAR ONDE QUER QUE ESTEJA

Fala-se muito que há pessoas que nascem para liderar. Daí a dúvida: é uma habilidade nata ou também pode ser adquirida? Eu defendo em todos os meus livros, principalmente neste, que pode ser adquirida e deve ser aprimorada ao longo da vida profissional – e também da pessoal, pois podemos liderar mudanças na família e na sociedade.

Portanto, você pode se tornar um líder preparado para passar por diversos tipos de turbulências com as dez atitudes que começo a explicar a partir de agora. O mais importante é querer entender como funciona cada uma e aprender a desenvolvê-las em vez de se achar autossuficiente e estacionar no nível tático, perdendo a oportunidade de construir essa liderança forte.

Eu acredito firmemente que existem dez atitudes essenciais que fazem com que o líder se torne um grande vencedor. São elas:

1. Amar desafios.
2. Ser capacitador.
3. Ser conciliador.
4. Ser conectado.
5. Ser generalista.

As dez atitudes dos líderes prontos para tudo

6. Ser minimalista.
7. Ter foco na solução.
8. Ser renovador.
9. Ter fome de produtividade.
10. Ser humanizado.

Quem desenvolve essas dez atitudes entra no jogo para transformar, não só executar, e isso faz uma diferença brutal para sua empregabilidade. Quer fazer com que o time da sua empresa tenha vontade de lutar junto com você? Precisa engajá-lo nessa transformação, introjetando no DNA de cada um dos integrantes. A diferença está aí, e ela é grande.

Desde o meu primeiro livro, *Você pode mais: 99,9% não é 100%*, eu chamo atenção para a importância de pisar na empresa todos os dias disposto a trabalhar imbuído da visão e do inconformismo natural de quem empreende. Você não precisa ser o dono, mas tem que pensar, sentir e agir como se fosse aquele que jamais enxerga só um pedaço do negócio ou cruza os braços diante dos obstáculos.

DNA de dono é algo que está no sangue, e a principal característica de quem o tem é focar a transformação. A execução ele quer deixar para os outros. Em geral, vê horizontes mais promissores do que qualquer um que esteja dentro ou fora da empresa. Portanto, quando você é um executivo empreendedor, também quer sempre mais.

É MUITO FÁCIL SER IGUAL AO OUTRO. DIFÍCIL É SER DIFERENTE AO PONTO DE CRIAR A PRÓPRIA RELEVÂNCIA.

A presidência de uma grande empresa é um cargo alto e cobiçado, e eu o alcancei com 36 anos. Foi uma das maiores provações, porém só me fortaleceu como pessoa e profissional. Lutei, transformei, aprendi e mudei.

Eu me refiz desde então, mantendo uma relevância grande – e até a aumentei. É ilusão achar que uma coisa está exclusivamente atrelada à outra, ou seja, que a sua relevância é gigante por ocupar a cadeira de presidente executivo em uma grande empresa.

Preste atenção ao que vou revelar: ser relevante é fazer diferença na vida dos outros. Com o que eu estou vivendo hoje em prol do desenvolvimento empresarial, sobretudo no Noroeste Paulista, pratico essa relevância mais do que nunca. Eu realmente faço diferença na vida de muitas pessoas, empresas e cidades.

Essa constatação me fez pensar: *Poxa, eu atingi o ápice do desejo de muitos profissionais de carreira, que foi presidir uma companhia nacional de grande visibilidade.* Entretanto, faltava algo para fortalecer meu papel como líder, que era extrapolar essa relevância. Porque eu acredito que a pessoa só atinge grau de liderança perceptível quando se torna muito relevante na vida dos outros e as pessoas percebem isso.

A Bombril é relevante? Sim. E o Marcos Scaldelai era um agente dessa relevância enquanto esteve no comando dela? Sem dúvida. Hoje, como consultor em gestão, planejamento estratégico de marketing e vendas, e coordenando o grupo dos grandes líderes do Noroeste Paulista, eu sou relevante? Ainda mais.

Depois de enfrentar alguns meses difíceis de reposicionamento, no sentido de fazer a minha liderança ser ainda mais perceptível, eu consegui que outros empresários entendessem quanto eu poderia ajudá-los. Se não fosse com algo mais técnico, seria principalmente com palavras, ações, apresentações, *networking* e o que mais permitisse fomentar o desenvolvimento dos negócios.

Os feedbacks que recebo o tempo inteiro só reforçam como tem sido importante a forma como eu sempre me posicionei nas consultorias e à frente do LIDE: como o cara agregador, tendo como base a informação concreta, confiável, aspecto crucial em tempos de *fake news*.

QUANDO VOCÊ TEM ESSA CONSCIÊNCIA DE QUE PRECISA "SAIR DA CAIXA" E SE COLOCAR EM SITUAÇÕES DESAFIADORAS PARA EVIDENCIAR SEU NOME (E RESULTADO), ESTÁ PROVOCANDO O SEU AMADURECIMENTO.

Eu me concentro em passar aquilo que é verdadeiro e construtivo; a minha mensagem: "Não vou dar voz a lamentações e insucessos. Ao contrário, eu vou fazer o papel de sempre, olhar para a frente e mostrar que as fases ruins passam, sendo um momento importante para a gente se restabelecer".

Com essa reviravolta na minha trajetória, como expliquei no meu livro *Indispensável, imbatível e invencível*, estou me tornando cada vez mais importante na vida daqueles com quem me relaciono e criando essa rede de relevância forte. Seguindo esse pensamento, eu me perguntei: "E quais atitudes me fizeram manter essa liderança perceptível e relevante?". Cheguei às dez que você conheceu há poucas páginas.

Levei uns oito meses analisando cada uma delas e tive a certeza de que formam um conjunto poderoso e abrangente para o seu objetivo de ser um líder pronto para tudo. Pode vir o que vier que você vai dar conta do recado, que "vai pra cima", sem medo de fazer acontecer.

Ao aplicar, no seu dia a dia, as dez atitudes, vai extrapolar na construção da sua relevância por se tornar importante para diversos tipos de pessoas em diferentes contextos. E, num momento de crise, vai provar estar preparado para resistir. Eu tenho a prova concreta da força da minha relevância, e quero que você tenha também.

Foi nessa pegada forte que liderei pessoas e negócios desde o início da minha carreira. E assim continuo desde que assumi o LIDE, em 2015: vendo oportunidades para potencializar negócios e fortalecer a minha gestão. O que mais as pessoas querem, sobretudo nos momentos difíceis, é entender que elas têm condições de superar as turbulências, unindo ainda mais seus times para as travessias.

Lançamos projetos diferentes, pegamos os melhores contextos nacionais para servir de inspiração. No início de 2020, veio a pandemia, e eu fui entender os impactos para avaliar como poderíamos contribuir com os grandes líderes. Em agosto do mesmo ano, apresentei a minha proposta

As dez atitudes dos líderes prontos para tudo

de reinvenção ao LIDE, que foi aprovada por unanimidade pelo comitê de gestão formado pelos principais empresários do Noroeste. Eles olharam para mim e falaram: "Marcão, voa. Porque é o caminho. Você enxerga aquilo que faz a diferença mesmo".

DE LÍDERES PARA LÍDERES: DEZ INSPIRAÇÕES

Todas as dez atitudes, eu vivi e materializo no meu dia a dia nas consultorias, conforme vou detalhar dos capítulos 5 ao 14. E quero que você também conheça dez empresários à frente de negócios sólidos que considero referência positiva de alguma dessas atitudes em especial. Dentre os muitos líderes que conheço, busquei aqueles que poderiam representar, com maior clareza, cada atitude. E os convidei a partilhar como a manifestam na sua liderança.

Por que eles aceitaram participar deste livro? Porque estão prontos para tudo e acreditaram na importância de partilhar experiências. Eu lembro que passei uma mensagem a cada um explicando: "Estou com um novo projeto editorial em que destaco dez atitudes imprescindíveis do líder forte. Acredito que você é um exemplo para mim em três dessas atitudes... Com qual se identifica mais?".

As respostas foram nesta linha: "Marcão, realmente, é isso mesmo. Eu acho que, das três que você me trouxe, eu sou mais esta...". Perceba que eu fui provocando-os, para ver se aquilo que eu imaginava fazia sentido. E deu esse "match". Um novo livro, materializando aquilo que enxergam em mim (um líder pronto para tudo), e com o qual eles pudessem colaborar, sendo relevantes a você também.

Conheça agora, em detalhes, as dez atitudes necessárias para alcançar esse estilo de liderança de que o mercado tanto precisa. E inspire-se nos *cases* que vou contar e nos líderes que representam cada uma delas.

CAPÍTULO 5 /

AMAR DESAFIOS

E ste líder projeta metas agressivas para tirar todo o time da zona de conforto constantemente. Busca sempre crescimento expressivo, com planos para aumentar a participação (*share*) de mercado e nunca quer parar de investir em crescimento. Tem o DNA de promover retorno rápido aos sócios e de formar um time de alta performance, que responda às novas demandas do negócio saindo sempre na frente.

Amar desafios tem relação com sucesso, com entrega e com conquistas cada vez maiores e acima dos padrões orgânicos. E quem tem esse perfil sempre procura alinhar tudo isso ao seu propósito de felicidade também no topo. Para este profissional, não basta alcançar uma posição alta sem sentir que faz a diferença naquela empresa, nas pessoas que estão no seu time. Ele sabe que a insatisfação seria um indicativo de ter entrado em uma zona de conforto, lugar que rejeita estar com todas as suas forças.

Não por acaso, eu abordei de maneira enfática no meu livro *Indispensável, imbatível e invencível* que o maior inimigo do crescimento profissional e pessoal é a zona de conforto. Estão nela muitas pessoas de cargos altíssimos e salários invejáveis que chegaram ao sucesso empresarial e ali se acomodaram, parando de arriscar, de se desafiar, de propor soluções novas, de aprender ainda mais com os erros e acertos – daí, acabam se sentindo infelizes e se perguntando se realmente deveriam estar ali.

A boa notícia é que podem escapar dessa administração estilo "todo dia é sempre igual" resgatando algo que os líderes fortes estão constantemente buscando: a paixão por desafios. Esses não têm medo de se arriscar e praticam muito aquele ponto que eu defendo, que é colocar a cabeça na guilhotina. De um jeito coloquial, eu diria que são do tipo que fica procurando "sarna para se coçar" o tempo inteiro, por saberem quanto a estabilidade pode ser uma derrota gradativa.

A velocidade com que as coisas mudam no universo dos negócios exige que todo líder exercite lidar bem com a instabilidade. Ao contrário do que muitos imaginam, ela tem seu lado estimulante à criatividade. E é necessário ganhar consciência de que não existe – e não existirá – uma rota linear para quem assume o papel de comandar pessoas e projetos ambiciosos.

Não há facilidades. É preciso empurrar o negócio para a frente procurando utilizar válvulas de escape para afastar ameaças, olhar as situações a partir dos mirantes para eliminar barreiras, alertar a equipe sobre as curvas no caminho para evitar ou minimizar acidentes de percurso. Porque é isso que vai fazer com que você se reposicione e se reinvente sempre e, assim, sinta o prazer de realizar façanhas com aquilo que os fracos encaram como barreiras.

> QUE ESSA ATITUDE SE TORNE UM DIFERENCIAL COMPETITIVO SEU – E TAMBÉM DO SEU TIME! DE QUE MANEIRA? 1. ENVOLVENDO-OS NOS DESAFIOS QUE VOCÊ PROPÕE DESDE A SUA CRIAÇÃO; 2. DEIXANDO-OS PARTICIPAR NA GERAÇÃO DOS RESULTADOS QUE VIRÃO COMO DECORRÊNCIA.

Amar desafios   **77**

Os desafios não têm que vir só de você (e para você) como líder. Têm que vir como um hábito de toda a equipe, que também deve "cutucar" a liderança. É por isso que você precisa ter diversidade nela, e não só pessoas que pensam parecido. Quanto mais perfis diferentes, mais se sentirá desafiado pelo seu ecossistema, garantindo que ele não estará dominado pelos mesmos padrões.

Como postura, sempre busque essa instabilidade para provocar estabilidade num patamar mais satisfatório lá na frente. Administrada dessa maneira, com essa vontade de achar saídas para aquilo que outros veem como labirinto sem fim, há grandes chances de a instabilidade de hoje colocá-lo numa estabilidade, a longo prazo, mais lucrativa.

Acredita nisso? Então, empolgue mais gente a acreditar também. Mostre as vantagens, lá na frente, de cultivar esse amor aos desafios como uma atitude real e absoluta. Um time diverso de perfis, mas coeso nesse objetivo, acaba tendo uma dinâmica de práticas e entregas acima da média. Porque é provocativo, quer sempre ver as situações por ângulos menos óbvios. Une-se em torno de um propósito maior, que é esse desafio de crescimento constante.

BUSCAR SOLUÇÕES POUCO TESTADAS

Talvez você se pergunte: "Será que eu tenho essa atitude? Como me sentir amando desafios?". É sempre projetando crescimento atrás de crescimento. Não dá para você se deixar influenciar por uma projeção geral pessimista de que "este ano o PIB[17] deverá cair X por cento". Ou vai repetir o que muitos profissionais sem amor pelos desafios dizem: "Como o PIB está caindo, nós vamos projetar também uma queda de faturamento".

---

[17] Produto Interno Bruto, indicador que mede o crescimento econômico do país durante o ano.

Desculpe, quem projeta seu número em linha com um cenário negativo do mercado já está admitindo não ter nada a mais para oferecer, não ser capaz de reagir visando uma resposta diferente, mais positiva. Isso é realmente típico de quem está na zona de conforto e pensa como a maioria. Nós não podemos. Temos que projetar sermos diferentes.

QUEM QUER CHEGAR AONDE OS OUTROS NÃO CHEGAM FAZ O QUE OS OUTROS NÃO FAZEM!

Estou falando de propor outro acordo no universo dos negócios: o de buscar soluções pouco ou nunca testadas. Quando você é impactado por uma crise, fica ainda mais motivado a superar se tem enraizada essa atitude de amar desafios. Sabe por quê? Essa turbulência, por si só, é uma provocação construtiva – a cada profissional, à sua empresa, ao seu setor e à cadeia como um todo.

Crise instiga o líder forte a reagir arriscando um pouco mais, tentando o que muitos não imaginam ou acham improvável funcionar... E, se dá certo, o salto pode ser significativo, contrariando qualquer projeção nacional negativa. Quer dizer, só sai dela quem realmente está fora da zona de conforto – e ama desafiar essa instabilidade com mais proatividade ainda.

Quando eu entro em uma empresa para dar consultoria e começo a construir, com os diretores e gerentes, um planejamento estratégico, estou preparado para me deparar com mensagens pouco propositivas e desafiadoras.

Às vezes, vem do próprio dono algo como: "O ano que vem vai ser mais difícil; se o mercado está falando que o PIB vai cair 5%, vamos colocar aí uma queda bem próxima". Como não consigo entender esse raciocínio, respondo no ato que enxergo o contrário: que temos de programar, no mínimo, um número duas vezes melhor do que o previsto pelo mercado. Em tempos de mercados ruins, "rouba-se" *share*.

AMAR DESAFIOS TEM RELAÇÃO COM SUCESSO, COM ENTREGA E COM CONQUISTAS CADA VEZ MAIORES E ACIMA DOS PADRÕES ORGÂNICOS.

Esse deve ser o pensamento de quem ama desafios. Se o mercado prevê crescer três pontos percentuais, eu digo: "O nosso, no mínimo, deveria ser o dobro, mas como sempre acredito ser possível trazer dois dígitos de crescimento, monto planos de dez para cima". Não admito menos do que isso, e é uma prática de mercado, baseada na expectativa de trazer pelo menos três, quatro vezes o PIB, que costuma ser um número pequeno, "tímido". E nós devemos projetar uma atuação arrojada, fora do contexto padrão.

Dois dígitos simbolicamente representam uma grande vitória. Além disso, mesmo com a inflação baixa, vários custos costumam aumentar, às vezes, mais do que o dobro do PIB. Então, se a empresa não cresce dois dígitos, poderá ter dificuldades para bancá-los.

Quando você pensa pequeno, já está se condicionando a montar estratégias pequenas. Pensando grande, vai montar estratégias grandes. E é muito mais fácil fazer um resultado melhor ao pensar grande. E por mais que você não chegue à meta grandona que desenhou, se uma boa parte der certo, conseguirá bem mais do que o concorrente que pouco se esforça até para pensar. Além disso, gosto de acreditar que, no meio do caminho, a melhora vai acontecer.

Essa é uma realidade que aplico no meu dia a dia e funciona muito bem. Tanto que, quando monto o planejamento de vendas, passo para a equipe uma meta maior do que a esperada. Minha experiência dentro de várias empresas nacionais e multinacionais mostra que o ser humano costuma fixar na mente o número estabelecido e dificilmente extrapola, sem que seja estimulado a isso. Então, eu subo a régua.

Lembro-me de estar em uma das minhas clientes de consultoria, a Matilat, e apresentar um plano com a meta que iríamos bater, quando surgiu o comentário de que precisávamos ter apenas um número para a companhia toda.

Amar desafios

— Nós vamos ter um número de referência para a companhia, que vai nortear principalmente o financeiro. Mas, para a equipe comercial, sempre vai ser maior. — Expliquei, semeando ali uma nova cultura pró-crescimento.

Defendo que as coisas têm de ser assim: desafiando a equipe comercial a enxergar muito além do objetivo, trazendo um número superior ao comprometido com acionistas e diretoria. Dessa forma, estou conduzindo-a a pensar em construir novas alternativas de fazer negócios, a fim de não só *atingir* aquela meta determinada, mas sim *superar* e fazer todos mais felizes com essa vitória.

Então, vamos lá: digamos que você tenha cem clientes e recebeu mil toneladas de matéria-prima para comercializar. A maioria dos vendedores recorreria a essa carteira de compradores visando que cada um adquirisse uma parte até zerar essa meta. Ou seja, dividiria a venda. A minha proposta é multiplicá-la, desafiando-se a vender 2 mil toneladas.

Eu acrescento ser igualmente importante que esse time tenha um benefício perceptível ao extrapolar as metas que recebe. Em outras palavras, uma excelente maneira de fazer as pessoas amarem desafios é elas sentirem o retorno desse desafio no bolso. Sim, estou falando de dinheiro, e não só tapinha nas costas, aperto de mão, plaquinha homenageando na porta, cumprimentos encostando cotovelos...

Então, colocar "cenouras" à frente, provocar esse desejo da recompensa, é muito eficiente para que façam "algo a mais". Por exemplo, criando concursos diferenciados, que mostrem a importância dessa premiação para os vencedores bancarem seus sonhos individuais.

E é extremamente válido para você também aumentar essa percepção de que vale a pena ter a atitude de amar desafios – vai criando uma cultura. Muda sua vida profissional e a pessoal também pelo valor das conquistas.

DAR PASSOS A FRENTE SEM RECUAR

Amar desafios é algo que eu materializo o tempo todo em cada empresa que me contrata para fazer a diferença. A minha cabeça é moldada para alavancar aquilo que já está no nome da minha consultoria, Scaldelai Projetos de Crescimento. Eu não entro para mandar gente embora, não uso a frase: "Vamos enxugar a empresa primeiro para depois...". Isso não faz sentido para mim.

Imagina dar oito passos para trás achando que depois vou dar oitenta para a frente? Só sei reestruturar enquanto já vamos crescendo. Eu só penso em aumentar, subir, expandir, melhorar... Crescer nunca fica para depois, para uma segunda fase. É prioridade. Como eu faço? A estratégia é a seguinte: montar um plano para darmos dez passos para a frente enquanto vamos arrumando as situações que não fluem bem.

Sou assim, me provoco assim. Como exemplo, um dos melhores que tenho é o trabalho realizado com a Bambi Sorvetes, que figura como a maior empresa de sorvetes do Noroeste Paulista. No fim de 2019, fui convidado pelos filhos do líder principal a conhecê-la numa fase de dificuldades de crescimento. Precisava de uma reinvenção. De cara, já comecei a provocar que todos parassem de valorizar as fraquezas e olhassem para a frente, para as oportunidades, com o estabelecimento de indicadores de gestão e de produtividade.

Eu lembro que falei isso numa apresentação do novo planejamento estratégico à equipe comercial. Depois, soube que vários comentaram no grupo deles do WhatsApp que havia entrado um cara "querendo colocar a cultura Ambev aqui". De fato, a cultura Ambev de busca de resultado é referência.

"Nossa, agora há um monte de relatórios", foi outro comentário que surgiu naquele ambiente descontraído e acabou vindo à tona. Tudo bem. Significa que a provocação estava criando aquela instabilidade construtiva

QUANDO VOCÊ PENSA
PEQUENO, JÁ ESTÁ
SE CONDICIONANDO
A MONTAR ESTRATÉGIAS
PEQUENAS.

que abordei neste capítulo. Aos poucos, a melhora dos resultados e os benefícios decorrentes desse empenho despertariam o amor pelos desafios.

Quando entro em uma empresa, começo a impor essa cultura de resultado sem me intimidar com uma minoria que não entende ou não quer desenvolver essa atitude. Sei que quem não aguenta acaba pedindo para sair naturalmente.

Sabe o que aconteceu com a Bambi cerca de seis meses depois? Essa cultura de desafios ficou tão enraizada no time que permitiu construirmos uma meta extremamente agressiva, embasada no potencial de mercado. Criamos as estratégias que poderiam fazer o negócio alavancar, sempre escutando bastante o time e olhando também as instabilidades externas. E sem esquecer que todos passaram a ganhar mais pelos resultados.

A empresa, em 2020, alcançou um crescimento médio de 40% e desde então comemora recordes absolutos – e inéditos na sua história desde a fundação (1967). Vá lá para conferir como a atitude de amar desafios está materializada! E a mudança ocorreu em apenas seis meses.

Como exemplo de líder que traz a primeira atitude no seu DNA, apresento o empresário Marcelo Ceron, dono da Cerocha, uma das maiores fabricantes de móveis para banheiro, lavanderia e cozinha do país. Ele tem uma fala que eu considero muito boa: "Mantemos o maçarico empurrando e a cenoura puxando".

Concordo que nós temos que pôr fogo, fazer brasa e simbolicamente apertar o isqueiro para incentivar a paixão por desafios. O líder que trabalha provocando-se a isso, e faz o mesmo com o time, tira todos da zona de conforto, dá uma "sacudida", cria um "incômodo" para gerar nova consistência mais à frente. Nas palavras desse líder nota mil...

Amar desafios

▌ MARCELO CERON,
fundador da CEROCHA, é líder que ama desafios

Amar desafios está no meu DNA. Aos 13 anos, eu vendia vassouras de porta em porta. Aos 15, passei por um rigoroso processo seletivo para ser contínuo do Banco Bradesco. Aos 18, fui convidado a trabalhar como vendedor-propagandista em uma indústria farmacêutica. Aos 22, fundei a Cerocha, uma empresa que tem em sua essência a capacidade de enfrentar desafios e bater metas, fazendo dos pequenos detalhes seu diferencial competitivo.

Um grande exemplo de desafio foi a pandemia de covid-19. Claro, o mundo enfrentou uma das maiores crises já vistas na história. Contudo, a Cerocha é uma empresa que impacta o dia a dia das pessoas, que impacta a sociedade. Tomamos, então, todas as medidas preventivas, sempre visando a saúde e a vida do nosso time e de nossos clientes.

Ainda assim, jamais tiramos do radar manter o crescimento de dois dígitos que estava projetado para 2020 e que vinha se consolidando até o início da pandemia. Felizmente, o setor de varejo voltou mais rapidamente à ativa, com todos os devidos cuidados, é claro. Tivemos a iniciativa de atender a demanda de uma forma muito intensa, ter mais share na "prateleira" da construção civil e manter os investimentos previstos para o ano.

Resolvemos construir uma nova fábrica dentro de nosso parque fabril sem parar a operação, fabricando e vendendo acima de dois dígitos. Dividimos nossa equipe em duas frentes. Uma delas para cuidar da operação atual: comprar, vender, dar foco nas pessoas e foco no cliente.

Outra frente da equipe se dedicou a cuidar e a gerenciar as obras de construção civil, infraestrutura de energia, ar comprimido, entre outras de ordem técnica, além do recebimento de equipamentos de alta tecnologia, que adquirimos tanto no Brasil quanto em outros países. Realizamos a implantação de todo o projeto com a fábrica rodando.

Isso faz com que o nosso time tenha um mindset *completamente diferente, focado em metas e desafios. Ou seja: mantemos o maçarico empurrando e a cenoura puxando. Também faz da Cerocha uma empresa conceituada e respeitada no setor de material de construção civil, com foco no retorno para os sócios e um time de alta performance.*

MARCELO CERON RESPONDE A CINCO PERGUNTAS *SOBRE AMAR DESAFIOS:*

1. Manter uma postura positiva frente aos desafios que aparecem no caminho é importante para que a equipe não desanime e continue motivada a buscar resultados?

   Dentro do papel que exercemos nos negócios, jamais pode haver desmotivação. Quando a equipe percebe que o líder está desmotivado ou perde o foco do negócio, perde confiança. Independentemente do nível do time e do engajamento alcançado, gera no mínimo um ponto de interrogação. Portanto, é fundamental, na nossa posição, não desanimarmos.

2. Revisar metas e objetivos diante de imprevistos ou abraçar o desafio, custe o que custar?

   Os dois, sem dúvida. As metas e os objetivos devem estar em nosso painel full time*. Devemos estar sempre de olho e reajustando se necessário, corrigindo junto do time. Procuro nunca tirar do radar as metas estabelecidas.*

3. Considera que, a fim de evitar que uma situação de crise se agrave com maior assertividade e eficácia, é preciso ser ágil nas tomadas de decisão?

   Via de regra, se tiver o controle da operação na mão e os indicadores afinados, além de um time envolvido com todas as etapas, agir com

Amar desafios

presteza é melhor. Contudo, em momentos como o de uma pandemia, sem estatísticas ou históricos passados para servirem de referência, penso que o papel de quem está pilotando é ainda mais importante para posicionar a empresa. O líder deve ter equilíbrio, os negócios na mão e as questões emocional, mental e espiritual em dia para conseguir tomar as melhores decisões em um cenário que envolve vidas, saúde, pessoas, negócios, mundo...

4. Como determinar quais tipos de desafios devem ser descartados antes mesmo de serem enfrentados, e por quê?

É difícil determinar quais descartar. Existe, no mundo dos negócios, uma diferença entre planejar e sonhar. Quando a gente planeja, vira um desafio. Mesmo quando planejada, a nossa estratégia pode ser corrigida, e ainda assim será um desafio. Muitas vezes, quando o nosso planejamento estratégico se refere a um prazo superior a dois anos, fazemos a lápis, o que nos possibilita corrigir data em decorrência da avaliação do melhor momento. O líder não deve temer desafios ou interrompê-los – pode, somente, revisá-los.

5. E como se certificar de que vale insistir naquele desafio, mesmo que pareça não dar tão certo no início?

Um desafio deve ser levado adiante se está dentro do seu planejamento e se foi definido a partir de dados e de informações mensuráveis, bem como de metas passíveis de serem atingidas. Existe uma palavra famosa – resiliência – que é importante para qualquer líder. Além disso, é importante lembrar que nada se escala ou muda da noite para o dia. Tudo tem uma curva de tempo, período de maturação, custo de aprendizado etc. Portanto, vencer um desafio é mais questão de tempo do que de desânimo.

CAPÍTULO 6 /

SER CAPACITADOR

Temos de nos preocupar em estimular aqueles que estão conosco no mesmo barco a remar melhor e mais rápido. É trabalho em equipe, não é? Pois o seu pode ir mais longe se você absorver novos aprendizados. Ninguém espera que você seja um profundo conhecedor de tudo, e sim que saiba escolher as pessoas certas para cada uma das funções, a fim de montar uma equipe forte.

E aqui acrescento: tendo ainda essa atitude capacitadora bem aguçada, alcançará esse objetivo com maior eficiência e com nível de execução de altíssima excelência.

O fluxo de informações cada vez mais acelerado e as mudanças tecnológicas constantes, com seus impactos diversos, tornam ainda mais importante o aperfeiçoamento contínuo, que vai muito além da educação formal. Aprender-desaprender-reaprender mais e pela vida toda (conceito atual de *lifelong learning)* é premissa para todos os profissionais nos vários níveis hierárquicos.

Quando você, como líder, reconhece que sempre existem pontos a serem melhorados nos processos de trabalho, mas acredita imensamente na capacidade de evolução dos seus colaboradores, investe nisso dentro da gestão de pessoas. É seu papel mostrar que ali há oportunidades de crescimento.

Deve haver este equilíbrio de forças: tanto de incentivos, do mais experiente e mais estratégico, à capacitação quanto de determinação do funcionário que deseja crescer. Digo isso porque percebo um pensamento infantilizado ou acomodado em alguns profissionais que confundem o empregador com pai e mãe e acham que ele tem a obrigação de financiar seus estudos.

Vale explicar ao seu liderado que, para ser relevante, pegar os melhores projetos e clientes, receber promoções e outras recompensas, precisa se capacitar mais e mais. Isso exige estar aberto a trabalhar as próprias dificuldades e novas necessidades de conhecimento e habilidades. Quem ainda não tem inglês fluente, por exemplo, precisa "acordar" para o fato de que vivemos num mercado globalizado, conectado, e correr atrás desse conhecimento.

Quando entrei na General Mills, no fim de 1999, como analista de marketing, caiu a ficha de que precisava melhorar meu inglês, pois a empresa era multinacional, e muitos projetos eram liderados por estrangeiros. Por conta própria, ia em todas as férias, por quatro anos consecutivos, para os Estados Unidos ou Canadá, onde fazia imersões intensas no idioma. Enquanto meus amigos compravam carro e viagens bem mais divertidas, eu investia em mim e usava o dinheiro para virar estudante *full time*. Também fiz um dos melhores cursos rápidos da época no Brasil, e assim me capacitei.

Conto isso para exemplificar que dá para estimular o time a buscar maneiras de turbinar o que sabe, mesmo se a sua empresa não puder subsidiar os treinamentos dos sonhos nem dispor de uma universidade corporativa (como vários bancos e multinacionais têm). Vale orientar sobre uma profusão de cursos que existem, inclusive em universidades

NINGUÉM ESPERA QUE VOCÊ SEJA UM PROFUNDO CONHECEDOR DE TUDO, E SIM QUE SAIBA ESCOLHER AS PESSOAS CERTAS PARA CADA UMA DAS FUNÇÕES, A FIM DE MONTAR UMA EQUIPE FORTE.

renomadas no Brasil e no exterior, para fazer on-line, no próprio ritmo, sendo vários com preço bem acessível ou até gratuitos.

Vide a plataforma de aprendizagem Coursera,[18] que oferece mais de 4 mil cursos e quase quinhentas especializações sobre negócios, ciência de dados, línguas e muito mais para 70 milhões de alunos no mundo. Há centenas de cursos gratuitos ministrados por instrutores de universidades e empresas de nível internacional, muitos legendados em português, para as pessoas aprenderem algo a qualquer hora e em qualquer lugar.

> *O LÍDER CAPACITADOR É QUEM MAIS ENXERGA OS TALENTOS EXISTENTES NA EMPRESA E VIVE LEMBRANDO-OS SOBRE A IMPORTÂNCIA DE ESTAREM SEMPRE APRENDENDO ALGO, APERFEIÇOANDO-SE.*

É aquele que os provoca para que não entrem na zona de conforto, dizendo coisas do tipo: "Cara, você é top. E gosta de dados e do meio digital! Invista nisso! Dados são o novo petróleo, então esse aprendizado vai fazer a diferença para você e para todos nós".

Como depoimento pessoal, conto que cheguei a uma fase da carreira em que precisava me colocar nas redes sociais. Na verdade, eu já vinha sendo cobrado sobre isso pelo meu *networking*, mas sentia aquele receio natural da hiperexposição inerente ao mundo digital. Quando estou no palco, sei o que vendo. Transmito a minha verdade enquanto estou interagindo com quem me escuta, checando as reações. Na internet, no máximo, eu imagino.

---

18 Disponível no endereço: https://pt.coursera.org/.

Ser capacitador

Mesmo assim, pensei: *Será que é o momento de abrir canais virtuais? Como me diferenciar de tanta gente que finge ser o que não é, que mente nas redes sociais?* Fui buscar respostas sobre essa forma de comunicação. Também pesquisei exemplos de pessoas por quem tenho carinho e que publicam conteúdos interessantes. Eu assistia a seus vídeos, lia seus posts e pensava: *Essa pessoa fala a verdade, e seus olhos dizem isso.*

Quando compreendi como deveria me posicionar, eu me coloquei o desafio de transmitir a minha verdade com extrema clareza. Fui me aperfeiçoar. E sabe o que eu aprendi? Primeiro, que só precisava ser EU, mostrando minhas forças e vulnerabilidades nessa jornada profissional, me comunicando do jeito que sou. Segundo, que apenas falaria de assuntos que domino. Sobre os outros, ia entender ou explorar para, aí sim, dizer algo a respeito.

Mais preparado, passei a publicar ações dos meus livros, do LIDE Noroeste Paulista e das consultorias no Instagram, Facebook, LinkedIn, Twitter, além de gravar podcasts e vídeos para o canal do YouTube #99naoe100 – Marcos Scaldelai sobre atitudes de liderança e empreendedorismo. Eu, que já adorava ser apresentador na Band Paulista, venho colecionando surpresas positivas com esse acesso a novos públicos, interessados em desenvolver uma carreira promissora.

O capacitador está sempre atento para identificar o "eu preciso disso", seja nele, seja na equipe. Estou falando de uma humildade misturada com perspicácia que os líderes prontos para tudo exercitam, enquanto os fracos muitas vezes demonstram dificuldade até para perceber se falta mesmo tal capacidade nele e no seu entorno, porque já se colocam como os maiores entendidos no assunto.

Ao sermos expostos a algo que desconhecemos ou não dominamos tão bem, mas de que precisamos, não há outro caminho que não seja o da capacitação seguida de aprimoramento. Isso vale como orientação aos nossos liderados e mais ainda como postura individual. Que a gente seja o primeiro a levantar o braço e falar: "Preciso conhecer mais ou entender profundamente essa questão para poder contribuir melhor".

Voltando à minha analogia de todos remarem juntos, o líder, ao mesmo tempo que observa, precisa ser ajudado a enxergar onde tem mais possibilidades/necessidades de aprendizados e como trabalhar isso. Vejo, nas empresas em que dou consultoria, crescimentos constantes resultados dessa consistência, porque o time como um todo soube se capacitar. Cada um aperfeiçoando ou aprendendo um pouco mais do outro, olhando e se colocando no lugar do próximo; e isso ajudou muito no processo...

NÃO ADMITA QUE NINGUÉM PARE NO TEMPO

Além desse aprimoramento mais técnico e específico para seu negócio, tão necessário para acompanhar a evolução dele, preciso ressaltar outro tipo de aprendizado mais abrangente e até sociológico, mas que impacta fortemente o seu empreendimento. Tem a ver com entender as mudanças de comportamento das pessoas, decorrentes de vários fatores, como geracionais e tecnológicos.

Por exemplo, dá para você ser um grande líder hoje sem conhecer a força dos meios digitais para gerar engajamento em clientes e funcionários? Não dá. E não entendendo como o ser humano está se posicionando aqui e no mundo todo em relação às desigualdades sociais e outras questões sensíveis à sociedade? Também não dá.

Quando falamos em buscar aprendizagem e aperfeiçoamento, todo mundo pensa que basta procurar cursos. Muitas vezes, não é bem isso. É preciso estar atualizado sobre o que o mercado está falando.

O CAPACITADOR
ESTÁ SEMPRE
ATENTO PARA
IDENTIFICAR O
"EU PRECISO DISSO",
SEJA NELE,
SEJA NA EQUIPE.

Fazer parte de um grupo como o LIDE, por exemplo, favorece o aperfeiçoamento por meio dos exemplos, dos *cases* e ensinamentos, da troca de experiências entre os próprios filiados e também com os palestrantes convidados, que não pregam conceitos, e sim falam da realidade. Muitos insights surgem ali – bastando estar aberto a escutar e fazer conexões inteligentes e úteis com seu universo de negócios – e são capazes de reverberar novas visões a todo o Noroeste Paulista.

Eu acredito muito que, se os profissionais unirem ao seu contexto de entrega (que precisa ser feito) esse empenho em investir na capacitação do time, terão nas mãos esta fórmula:

engajamento + aprendizados = resultados surpreendentes

Dentre os empresários que conheço bem, Reinaldo Zanon é um dos que mais pratica essa atitude. Realmente, ele é incansável em provocar nas pessoas esse desejo de crescer, de "eu tenho de aprender e me envolver mais". Construiu uma das maiores redes de franquias de seguros do país, o Grupo Zanon, detentor de marcas tradicionais como a Seguralta, fundada por seu pai.

Esse líder sabe comandar seu time, que tem excelência de execução, principalmente na área de vendas, e ainda traz nomes fortes em empreendedorismo para transmitir mais conteúdos ricos em suas redes, permitindo que todos se capacitem!

Ser capacitador

REINALDO ZANON,
CEO do Grupo Zanon, é líder capacitador

Sou CEO do Grupo Zanon, uma holding de franquias com mais de 2 mil franqueados. Fechamos 2020 com mais de meio bilhão em faturamento. Uma das nossas marcas é a Seguralta, que está há mais de cinquenta anos no mercado. E um dos segredos para esse resultado é ser um líder capacitador. Como? Treinando e engajando a sua equipe.

O principal: não é possível engajar, treinar e motivar se você errar no começo, ou seja, no momento da seleção e do recrutamento. Então, invista numa boa área de RH.

Vou dar um exemplo. Na área comercial, eu busco pessoas que sejam águias. Se você selecionar errado, vai escolher um pato. Você vai treinar um pato para ser uma águia? Nunca! Ele vai ser apenas um pato frustrado. É por isso que você enxerga dentro das empresas pessoas desmotivadas, desengajadas. Elas estão no lugar errado. Cada pessoa tem o seu lugar certo.

Busco sempre formar um time A. E costumo dizer que dois times B não formam um time A, três funcionários B não formam um funcionário A, e assim por diante. Para você ter um funcionário A, precisa acertar na seleção e, depois disso, treinar e capacitar.

Faço todos os dias, às 7h da manhã, um treinamento no meu perfil do Instagram voltado a todos os meus colaboradores e também às pessoas que me acompanham nessa rede social. O treinamento e a capacitação são o segredo para a prosperidade, para o crescimento do negócio e da empresa. Então, invista pesado na seleção e capacitação e forme líderes. Porque, sem uma liderança forte, o seu negócio não vai crescer.

REINALDO ZANON RESPONDE A CINCO PERGUNTAS SOBRE SER CAPACITADOR:

1. Incentivar, motivar e inspirar: como pôr essas ações em prática e mensurar os avanços?

A melhor maneira de fazer com que os outros ajam como você espera é pelo próprio exemplo. Quer ter bons vendedores? Seja você o melhor vendedor da sua empresa. Eu sou uma pessoa que vai a campo quando é preciso. Ligo, faço vendas e, assim, inspiro outros a fazerem o mesmo. Para mensurar o rendimento, usamos softwares específicos para cada área que medem, por exemplo, a quantidade de ligações feitas e os leads *obtidos (contatos), além de fechamentos efetivados.*

2. O que os profissionais não devem deixar de aprender todos os dias?

Eles precisam investir em si mesmos. O grande segredo para ter *mais é* ser *mais. O conhecimento será seu maior aliado, e buscar a sabedoria todos os dias é o começo de tudo. Então, é preciso investir de modo pesado em desenvolvimento. E eu sugiro aprender principalmente sobre vendas (até para saber se vender), finanças (para ter controle financeiro na vida pessoal e na empresa), branding e marketing (pois o mais conhecido vence o melhor, e é importante aumentar o seu valor percebido) e gestão (o conjunto de ações necessárias para administrar uma empresa). Também sempre sugiro a leitura de obras clássicas da área de vendas, como* Quem pensa enriquece, *de Napoleon Hill.*

3. O sucesso do líder depende de uma boa gestão das pessoas?

Também depende. Gosto muito de uma analogia que o escritor Dale Carnegie faz em seu livro Como fazer amigos e influenciar pessoas

(Sextante, 2019): *"Se você quer tirar o mel, não espante a colmeia"*.[19] *É perfeita porque, se o líder não cuidar das abelhas, vai afastá-las e não terá mel para pegar. Ele tem de saber lidar com gente, e nas mais variadas situações. Tudo na vida passa por relacionamentos, e o líder precisa dominar essa arte para atingir os objetivos e prosperar junto da equipe.*

4. Você bate bastante na tecla de que precisamos ter mentores, aprender com quem tem mais experiência...

Posso dizer que, seguramente, temos mais de 5 mil pessoas envolvidas direta ou indiretamente no nosso negócio. E quem não sabe liderar vai acabar sendo liderado. Entretanto, o líder também pode procurar mentores, aqueles mais experientes naquilo que ele está vivendo. Gosto de um provérbio de Salomão (Provérbios 15:22) que diz: "Onde não há conselho fracassam os projetos, mas com muitos conselheiros há bom êxito".

5. O que os resultados e os exemplos têm a oferecer nessa questão do aprendizado?

Ninguém gosta de seguir quem não tem resultados. Quando estou na busca de um mentor, alguém em quem me inspirar, sempre olho qual é o resultado de vida que ele tem. Então, quero dizer que você precisa liderar também pelo seu exemplo. Se incentiva os outros a acordar cedo, por exemplo, tem de fazer o mesmo. Não pode ser o último a chegar na empresa e o primeiro a ir embora. As pessoas estão constantemente observando as suas atitudes.

---

[19] CARNEGIE, D. **Como fazer amigos e influenciar pessoas**. Rio de Janeiro: Sextante, 2019.

CAPÍTULO 7 /

SER CONCILIADOR

Sabe o líder que estimula o time a se unir em torno de um único propósito do negócio? Esse tem a atitude conciliadora. Por isso, uma de suas principais características é saber ouvir. Mas não só. Também fala aquilo que vai provocando em cada um o desejo máximo de elevar seu desempenho. Com isso, consegue colocar o resultado geral lá em cima, num outro patamar.

Essa preocupação de não deixar ninguém para trás acaba gerando disputa grande entre o pessoal? Sim. Entretanto, não para incitar conflitos nem dividir vencedores e perdedores. Pelo contrário. Seu objetivo é extrair garra, criatividade, inteligência coletiva, brilho nos olhos para que todos somem esforços e batam as metas de que a empresa precisa.

Eu tenho essa atitude muito forte. Quando entro nas empresas para implementar estratégias de crescimento, utilizo um estilo de brincadeira que costuma ser bem-sucedido. Procuro no grupo quem é o vendedor mais "garganta", que gosta de divulgar suas entregas. Ele trabalha bem, traz o resultado e quer ser notado pelo que fez. Gosta de ser visto, ser lembrado.

Não vejo nada de errado nisso, mas muito provavelmente há pessoas dividindo a mesma mesa que desaprovam a máxima "não basta fazer, tem que contar que fez". Pois eu capitalizo esse incômodo nas reuniões com a área comercial para que todos façam a diferença. Por exemplo, estimulo que o vendedor mais falador conte em voz alta:

— Fala para mim, como você fez para chegar lá?

Ele conta os detalhes, e muitos realmente podem ser replicados com sucesso, enquanto os outros vão ficando incomodados por eu ter dado "palco". A linguagem corporal denuncia isso. No entanto, eu sei que os estou provocando a buscar ter o mesmo patamar de resultado ou até superar para que seu nome também receba "palco" ou outro tipo de recompensa que combine com a sua personalidade. No fim das contas, todos nós almejamos reconhecimento.

Talvez você pense: *Marcos, agindo assim, não está conciliando, está facilitando uma guerra de egos*. Não é por aí. Somos adultos e sabemos que se trata de disputa profissional. Não é pessoal. Muito melhor é ver pelo prisma da importância de estimular as diferenças. Elas existem e devem ser conciliatórias na medida em que o grupo olha para a mesma direção, quer acertar num único alvo. Este é o entendimento: o que o outro tem ou faz em que posso me espelhar e ser melhor?

Como líder, sei de quem preciso puxar mais evolução e como. E um caminho eficiente é criando desconforto entre as pessoas. Então, coloco um colega provocando o outro de modo que sinta mais vontade ainda de fazer o resultado – para também ter sua atuação destacada numa reunião, ensinando à equipe como conseguiu aquele feito.

De novo, é um desconforto que não gera tumulto, não gera briga, por objetivar um crescimento que vai beneficiar eles próprios, a empresa, os clientes, os fornecedores, a economia da região...

Ser conciliador

MESMO UM PROFISSIONAL SENDO DIFERENTE DO OUTRO, TODOS PRECISAM FAZER COLETIVAMENTE UMA COISA: O RESULTADO DA EMPRESA.

A palavra ideal para essa atitude é "conciliador", o que no mercado profissional significa saber deixar o time apaziguado, mesmo havendo diferenças de pensamentos, sentimentos, modos de agir. Ou seja, sem abafar a diversidade de perfis comportamentais entre os liderados. São todos legítimos, e pode sair muita coisa boa ao trazer à tona tais particularidades em torno de um denominador comum.

VALORIZAÇÃO DAS RELAÇÕES E DO OBJETIVO COMUM

No passado, quando se falava nesse desconforto da disputa, logo se imaginava um estilo de liderança por competição, que existia muito no passado. Qual é a diferença? Vamos lá. Nesse modelo, promovia-se uma agressiva política de metas que potencializava a concorrência entre os próprios funcionários para ver quem entregava mais. Não havia preocupação em apaziguar a equipe, com o líder puxando todos para cima.

A competição era levada ao limite, premiando os melhores com bônus altíssimos e punindo outros com "brincadeiras" que beiravam a humilhação, como fazer flexões de braço em público. Quem não se encaixasse nesse sistema de meritocracia em que só os melhores sobreviviam acabava expurgado. Pois esse modelo perdeu espaço devido à necessidade atual de manter o foco na máxima rentabilidade, mas valorizando o engajamento e a diversidade de contribuições de seu pessoal, de todo o grupo.

Fortalece-se então quem tem atitude conciliadora, por pensar em como extrair, dentro daquilo que cada integrante consegue alcançar, o melhor resultado final para o grupo. E faz parte tirá-los um pouco da zona de conforto, mas nunca deixando que o fator pessoal extrapole. Como eu disse, é só profissional e zero pessoal. É desenvolvimento, sim, acelerado e olhando e aprendendo um com o outro.

Somos acostumados a pensar que o desconforto é ruim e que devemos evitá-lo. Mas puxe pela memória se, quando você mais aprendeu coisas novas e cresceu na vida, estava em posição confortável. Aposto que não! Como líder, você provoca disputas que ajudem os liderados a explorarem melhor suas capacidades ao mesmo tempo que mostra o valor de unir essas contribuições por um objetivo que interessa a todos.

Certa vez, assumi uma equipe que parecia se dividir em dois blocos:

1. Uma meia dúzia realmente gostava de mostrar que batia a meta todos os meses. E, assim que eu passava uma nova, só faltava bater no peito dizendo: "Essa eu vou fazer", "Está pequena", "Se for isso, chego fácil".
2. O restante detestava esse tipo de coisa e dizia com os olhos: "Poxa, não é assim, para que se gabar?", "Não é fácil como querem fazer parecer, o mercado está devagar".

Qual foi a minha atitude? Lancei a meta e falei assim:

— A meta está aí, essa é para você. — Olhando para o vendedor que mais gostava de se gabar.

Ele concordava, criando desconforto nos outros:

— Essa aí é fácil mesmo, Marcos. Pode deixar, nós estamos aqui para bater meta. E eu bato mesmo.

— É o seguinte, pessoal, não tem espaço para falar que não vai fazer. — Eu continuava, dando agora essa mensagem geral.

Em seguida, aproveitei a fala daquele que disse ser fácil para motivar os outros também:

PUXE PELA MEMÓRIA SE, QUANDO VOCÊ MAIS APRENDEU COISAS NOVAS E CRESCEU NA VIDA, ESTAVA EM POSIÇÃO CONFORTÁVEL. APOSTO QUE NÃO!

— Amigo, quero ver se você sabe mesmo e entende como o mercado está. Falou bonito, mas eu sei quanto os outros vão suar e fazer o resultado também, porque usam as armas certas e entendem bem a situação dos clientes.

Nessa hora, os mais quietos certamente pensaram: *O Marcos agiu bem dando um tapinha que baixou a bola do cara que gosta de se gabar.* Conto esse exemplo prático para mostrar como eu valorizei os dois perfis enquanto fui trazendo-os para a mesma "página". Mostrei respeito à individualidade e também cobrei visão crítica do negócio, senso de responsabilidade, conhecimento do mercado e cumplicidade profissional.

> **O TRABALHO FICA MAIS GOSTOSO ASSIM, PORQUE EXISTE A COBRANÇA, O DESCONFORTO ENTRE O TIME, MAS TODOS COMEMORAM JUNTOS QUANDO ATINGEM O OBJETIVO FINAL, QUE NÃO É DE A, B OU C. É DA EMPRESA.**

Você tem um time uníssono na busca do resultado? Esse é o melhor sinal de que pratica essa atitude. Quando o número vem, todos ganham de alguma forma. Pode ser que um receba "palco", o outro promoção e mais dois fiquem com clientes de peso... Essa é uma grande diferença de apenas promover competição, o que dificulta ter um ambiente harmônico e participativo da equipe de trabalho.

Com essa postura conciliadora, consigo mais dois efeitos altamente positivos: impeço que alguém fique em cima do muro e deixo claro que não estou ali para agradar "nem gregos nem troianos". Estamos juntos, competindo, colaborando, contribuindo e, assim, conciliando algo que nós queremos muito – e temos um ao outro para alcançarmos. Isso é o que provoco o tempo inteiro. É o meu estilo, é o que eu sei fazer.

O empresário José Luiz Franzotti, dono da Bebidas Poty, tem essa atitude em alta, e o resultado está aí: é uma potência regional. Que paz transmite esse líder!

JOSÉ LUIZ FRANZOTTI,
dono da Bebidas Poty, é líder conciliador

Trabalhamos de forma intensa com 93 produtos, entre diversos refrigerantes, isotônicos, água mineral. É uma variedade bem interessante. Bebidas Poty atende a mais de 30 mil pontos de venda e possui quase novecentos funcionários.

É uma companhia que atua no mercado com muita responsabilidade social, e é um orgulho poder dizer isso. Valorizamos o meio ambiente e conseguimos dar destino correto a todos os resíduos derivados do processo de produção. A Poty é praticamente uma das únicas empresas brasileiras a cumprir 100% da logística reversa, que é uma obrigação prevista pela legislação. O faturamento de 2020 ficou em torno de 500 milhões de reais.

O líder conciliador não pode ser opressivo. Ele tem de saber ouvir todos. Quando menos se imagina, a solução para um problema ou dificuldade inesperados pode vir do colaborador mais simples do grupo. Então, saber ouvir é uma das características fundamentais para quem deseja exercer liderança.

Contudo, não existe uma receita pronta ou um modelo a ser seguido. Certo é que a liderança não pode ser exercida apenas no papel. Ela precisa ser construída no dia a dia.

Um dos maiores líderes do Brasil e do mundo, sem precisar falar muito, foi o piloto Ayrton Senna. Ele disse certa vez: "Seja você quem for, seja qual for a posição social que você tenha na vida, a mais alta ou a mais baixa, tenha sempre como meta muita força, muita determinação e sempre faça tudo com muito amor e com muita fé em Deus, que um dia você chega lá. De alguma maneira você chega lá".[20] Pois é assim que nós devemos trabalhar.

---

20 SENNA, A. **Pensador**. Disponível em: https://www.pensador.com/frase/MTE4ODlx/. Acesso em: 7 fev. 2021.

JOSÉ LUIZ FRANZOTTI RESPONDE A CINCO PERGUNTAS SOBRE SER CONCILIADOR:

1. **Qual é a importância do diálogo e da proximidade com a intenção de ouvir, aprender e ensinar?**

   Diálogo e proximidade são fundamentais no momento em que vivemos, com tantas diferenças, falta de compreensão e de tolerância. Sem esse respeito, sem conquistar os funcionários de maneira conciliadora, qualquer líder encontra um ambiente mais difícil. É importante saber ouvir, estar a todo momento ao lado de quem trabalha na empresa e pela empresa.

2. **Um bom líder deve estar sempre disponível para a sua equipe, esclarecendo dúvidas e ajudando a resolver problemas, participando ativamente do dia a dia dos colaboradores?**

   Claro que sim, dentro da disponibilidade possível. Gosto de ouvir opiniões e de resolver problemas conjuntamente. Tenho agido dessa maneira com meu time e mantenho diálogo constante, inclusive com uma agenda permanente de encontros que facilita essa interação, sempre com vistas a manter esse contato fluindo no dia a dia.

3. **Quais são as alternativas práticas para se manter atento à voz dos colaboradores quando eles são muitos, como no caso da Poty?**

   São mais de 850 colaboradores, por isso conto com um grupo de líderes capazes de ser meus olhos e ouvidos. São pessoas de extrema confiança, que fazem chegar até mim todas as informações. Não em tom de fofoca, e sim de maneira profissional. Todos os dias peço a eles que fiquem atentos a tudo o que acontece, que conversem, observem e me repassem esse feedback.

Ser conciliador

4. Como entregar aos colaboradores e clientes a certeza de que todos serão ouvidos?

Além dos canais formais de comunicação entre funcionários e empresas, como o nosso Fale com o Presidente, todos os 850 colaboradores têm o meu número de WhatsApp. Qualquer um deles pode me chamar e transmitir suas mensagens. Eles conhecem as regras para fazer isso e sabem que esse canal deve ser usado com responsabilidade.

5. Na prática, como estimular seus colaboradores para um mesmo propósito, sabendo que cada indivíduo é motivado por diferentes fatores e que essas variáveis estão atreladas aos seus valores pessoais, crenças e momento de vida?

Essa busca por um mesmo propósito começa antes mesmo da contratação, durante o recrutamento. Procuramos profissionais que compactuem com nossos valores, que acreditem em nossa missão e nossos objetivos. Que trabalhem como se fossem donos da empresa. Em contrapartida, oferecemos bons salários, benefícios que proporcionem conforto a eles e suas famílias, além de uma estrutura que permita a cada um trabalhar feliz e com segurança. Também temos um plano de carreira eficiente. Portanto, todos sabem que podem se desenvolver e crescer trabalhando em conjunto, em benefício de todos.

CAPÍTULO 8 /

SER
CONECTADO

Um dos maiores investimentos que um profissional pode fazer ao longo da carreira é na construção de relacionamentos. Por quê? Ter esse tipo de vínculo forte significa que o outro está entendendo a sua relevância para a vida dele, e vice--versa. Caso contrário, aquele contato, apresentação, troca de cartões ou mensagens nas redes sociais não evolui, não vira relacionamento. E não adianta forçar a barra.

O líder conectado reconhece o valor disso para gerar oportunidades sustentáveis de negócios. A palavra "relacionamento" tem um peso grande por ser algo que as pessoas enxergam como importante não apenas por um momento ou motivo específico, mas para várias situações e oportunidades que ainda possam surgir.

A grande dificuldade que eu vejo em construir um relacionamento é que, muitas vezes, essa dedicação acaba sendo entendida como interesse, e isso é ruim, pois ninguém gosta de se sentir usado ou manipulado. Se o propósito é gerar oportunidades de negócios de maneira sustentável, o líder que possui essa característica latente busca parceiros, não clientes.

Importante deixar claro que a relação que está sendo construída não é porque o outro ocupa a presidência da empresa X ou demais cargos que dão o poder da caneta. Pode até ser que a aproximação ocorra por algum interesse pontual, mas vai crescer quando o outro lado perceber que você continua cultivando essa conexão sem que seja exclusivamente para extrair mais um objetivo financeiro a curto prazo.

Quem tem essa atitude oferece a chance de um engajamento maior, mesmo que seja simplesmente a construção de uma amizade. Entende quanto pode agregar com seu conteúdo, suas experiências e até sua rede de bons relacionamentos na qual sempre cabe mais um. É bom para todos que você promova mais conexões, faça a roda dos relacionamentos girar e gerar frutos constantes. Isso vale a pena!

É fato que, quanto mais alto um líder sobe, quanto maior a sua projeção, mais acesso tem a novos relacionamentos. Eles começam tanto por iniciativa própria quanto por pessoas que buscam conhecê-lo. O desenrolar de cada conexão vai da sua capacidade (e vontade) de mostrar àquela pessoa, com quem quer se relacionar, que algo bom pode ser construído além de um interesse momentâneo.

> *UMA BOA PARTE DO SUCESSO QUE VOCÊ DESEJA ALCANÇAR É ALICERÇADA NAS RELAÇÕES INTERPESSOAIS QUE VAI CONQUISTANDO AO LONGO DA SUA JORNADA.*

A forma como construí a minha relevância no universo do varejo é um exemplo claro disso. Aproveitei todos os momentos em que atuei na Bombril para abrir muitas portas, colocando-me como um parceiro, pronto para contribuir com os negócios daqueles com quem me conectava. Independentemente de ser o presidente executivo, procurava entender os

Ser conectado

interesses e necessidades de cada cliente e relacionava com tudo que podíamos entregar para agregar valor aos dois lados, numa relação ganha-ganha.

Conclusão: nesse tempo, tudo que eu fiz aumentou os ganhos da empresa que representava, elevando também o faturamento dos parceiros do varejo que confiaram na minha liderança e gestão estratégica. Por isso, depois que saí da Bombril e decidi montar a minha consultoria, não só mantive as portas abertas como fui ampliando e fortalecendo relacionamentos que geraram outros ganhos e ainda mais relevância. A confiança foi conquistada por ambas as partes. Então, valeu muito a pena ser um líder conectado!

Assim, eu recomendo a você que cuide das relações interpessoais que estabelece no dia a dia, torne-as mais sólidas, independentemente da função em que você esteja. A sua credibilidade acaba sendo materializada pela relevância que conquista com a qualidade de seus relacionamentos.

Hoje tenho portas abertas com grandes parceiros que construí para a vida, como diretores e gestores dos grandes varejos. Por conhecerem a minha história, se eu levar oportunidades interessantes, vão prestar atenção e teremos chances grandes de fazer negócio. Já sento à mesa de negociações com um voto de confiança pelo vínculo marcado por interesses mútuos que fomos criando.

Em outras palavras, ser ganha-ganha é o que faz o relacionamento prosperar de maneira saudável, gostosa, produtiva e rentável a ambos os lados. Porque se torna parceria, sem que um lado queira sobrepor seu interesse ou marcar posição. Eu preservo muito isso.

Numa hora difícil, quando o líder tem que ser ágil para resolver um problema antes que vire bola de neve, que as coisas saiam de controle, é quando ele mais percebe o peso e a importância dessas relações. Às vezes, ele recorre a uma conexão que não pode suprir sua necessidade, mas faz girar a roda dos relacionamentos a fim de abrir alguma possibilidade de solução.

O LIDE, dentre os projetos que já liderei e lidero, foi o que mais me fez perceber que construir relacionamentos é o maior investimento que devemos fazer. Vivo isso na prática e tenho orgulho de ser visto, principalmente em todo o Noroeste Paulista, como um profissional diferenciado por acelerar conexões e oportunidades. Realmente mantenho elos colaborativos, empáticos e consigo, por meio deles, unir pessoas, ideias, projetos, negócios. Em resumo: gerar resultado!

Ao encontrar alguém com facilidade de apresentar um profissional ao outro e colaborar para fazerem ótimos negócios, tem gente que fala: "Esse cara é lobista". Não julgo ser pejorativo que pessoas destaquem essa atitude conectada, porque o que estão fazendo, na realidade, é dar credibilidade à sua capacidade de construir relacionamentos e de cultivá-los para que deem ótimos frutos.

Pejorativo, para mim, seria alguém imaginar que você quisesse se aproximar e fazer-se de "amigo" somente para tirar proveito da abertura e simpatia do outro. Já quando usa a sua credibilidade para fortalecer ainda mais os relacionamentos que cria, está agindo como um líder pronto para tudo.

Ao apresentar uma pessoa à outra, intermediar contatos que têm tudo para virarem boas relações de amizade e negócios, você também recebe um benefício maravilhoso. Sabe qual? Torna-se ainda mais relevante aos dois, por reunir profissionais que fazem acontecer ou que, no mínimo, tenham experiências para trocar.

Para quem precisa investir mais tempo e energia em criar e fortalecer relacionamentos, um bom começo é parar de recusar convites para eventos do seu setor, mesmo que por videoconferência; aproximar-se das pessoas para conversar sobre a vida e os negócios; fazer parte de grupos que reúnem empresários e executivos. Quando menos esperar, por intermédio de uma conexão feita numa dessas situações, um benefício maior (e que você talvez nunca imaginasse) pode surgir.

É BOM PARA TODOS QUE VOCÊ PROMOVA MAIS CONEXÕES, FAÇA A RODA DOS RELACIONAMENTOS GIRAR E GERAR FRUTOS CONSTANTES. ISSO VALE A PENA!

Viver isolado na sua empresa não é uma alternativa para se manter bem no mercado! Uma hora, a conta chega, e muitas oportunidades são perdidas. Infelizmente, existe líder que tem o rei na barriga e acha que não precisa de ninguém. Coitado! Um frustrado por natureza e que ainda não percebeu. E só perceberá quando levar um tombo.

BUSCAR PARCEIROS, NÃO CLIENTES

Quem tem postura de cliente está focado no seu benefício muito mais do que na relevância do outro. Quer aproveitar a oportunidade, obter o ganho imediato, e não a construção de um relacionamento. É por isso que, quando só um quer ganhar, digo que é uma relação de clientes e só.

O líder conectado procura se comportar como um parceiro e se empenha para transformar clientes em parceiros. Por formar uma rede nesse nível mais sólido de relacionamento, ganha confiança para enfrentar os desafios do mercado e reagir mais rapidamente. Dispõe de várias alternativas de auxílio para vencer obstáculos e encontra mais portas abertas para criar negócios.

Faltarão aos bem relacionados oportunidades de trabalho, de participação em projetos interessantes, de ficar informado sobre os últimos acontecimentos do seu mercado? Não. E como as empresas precisam de líderes que consigam fazer essas conexões! É algo que os típicos líderes de escritório não se interessam por fazer, ficando no "sereno" se mudam de empresa ou atividade.

Quando você tenta uma nova posição no mercado apoiado na sua base de relacionamentos, já demonstra ter um currículo de vida muito mais rico para ser aprovado por outra empresa como colaborador, consultor, conselheiro... A minha carteira de relacionamentos é o que tenho de mais valioso no meu currículo. Inclui aqueles que conhecem a minha trajetória, admiram as minhas conquistas, são parceiros de negócios com quem posso contar.

Ser conectado

117

Construir relacionamento não é só querer marcar uma agenda de encontros com a pessoa e estar próximo dela. Muitas vezes, é preciso estudar seu contexto profissional para entender o que levar que seja interessante, útil, agradável e que agregue algum valor. Como todo mundo está buscando algo, quando você consegue oferecer aquilo que combina com essa necessidade ou vontade, faz com que esse relacionamento flua muito melhor.

Quer um exemplo? Como presidente de empresa, eu era muito procurado para ser apresentado a projetos. Por ser educado, agradecia e direcionava aos departamentos correspondentes. Recebia apenas quando percebia que a pessoa entendia do que eu precisava como estratégia, mas não antes de sugerir que pensasse em como poderia agregar. Muitos desses contatos viraram relacionamentos que cultivo até hoje. Claro, me auxiliaram numa fase importante, fizeram a diferença e os valorizo por isso abrindo janelas de oportunidades junto deles.

Graças à internet, você consegue fazer contatos com maior velocidade. Entretanto, de novo, fazer contato sem objetivo claro não servirá de nada. Saiba o que despertará de interesse na pessoa que conhecer para poder pensar em como agregar. Ainda mais porque você consegue saber, pelas redes sociais, informações sobre a empresa e a posição que ela ocupa, além de seus assuntos de interesse.

QUANTO MAIS INFORMAÇÕES TIVER, MAIS VAI PODER FAZER AS ALIANÇAS SE TORNAREM PERFEITAS.

Agora, tem que existir um grande respeito nas aproximações virtuais. Tanto quem recebe não deve dar atenção apenas a alguns (em função de seu cargo) e desprezar outros, como quem quer se aproximar precisa se mostrar como um profissional de valor. Para isso, às vezes é necessário mostrar qual é o seu "tamanho" no mercado e o que já fez de significativo.

Aquele que acessar as minhas redes sociais, por exemplo, saberá quem eu sou, o conhecimento que compartilho, o meu currículo, e provavelmente me dará um voto de confiança pela minha história. O ideal é que, primeiro, as pessoas captem essa importância, porque aí a facilidade de abrir a porta é maior. Esse é outro benefício que a internet oferece, além de agilizar o contato. Daí em diante, vai progredir para relacionamento e perdurar desde que exista transparência nas intenções.

A aproximação motivada por uma demanda específica, momentânea, faz parte do jogo profissional. E pode ser agilizada pelos meios digitais. Mas você só continua se relacionando com quem conheceu nos empregos passados e até indica para vagas abertas se valer a pena. Eu já recomendei vários profissionais a projetos e empregos bacanas porque sempre respeitaram a seriedade e a relevância do relacionamento que criamos. Sou muito grato por isso, por ter construído uma fortaleza de portas abertas, à qual mantenho levando coisas que agregam.

Sei o que eu posso levar. Com frequência, ouço: "Me apresenta para o cliente X", "Queria muito falar com a empresa Y". Sou responsável e cauteloso. Agora, quando me contratam para projetos de crescimento que abrangem ir até um relacionamento meu, aí me empenho para levar uma proposta adequada, na linguagem correta, que agregue valor. Não posso apresentar coisas só por apresentar.

Cada passo que eu dou precisa gerar frutos. Não é só porque a pessoa me conhece e quer entrar com seus produtos em determinada rede de supermercados que eu apresento. Explico que não adianta ser mais um e que, às vezes, o que ela imagina não é o que vai acontecer se tentar um contato lá. Por ser um expert em projetos de crescimento, primeiro eu quero entender a estratégia da empresa, para não fazê-la perder tempo, dinheiro, imagem.

— Vamos fazer o seguinte: arrumar a casa primeiro. E eu vou mostrar qual é o caminho para criar essa diferenciação que está buscando.

Como disse no início, faço valer a pena essa apresentação. Senão, eu vou aproximar lados que não darão liga, não encontrarão sinergia de interesses.

Ser conectado

Se aquele cliente atacadista está buscando preço, não adianta querer vender um produto gourmet para ele, por exemplo. Por isso, minha forte sugestão é sempre fazer o trabalho de casa *antes*. Esse é um dos meus maiores pontos hoje: fazer projetos para arrumar a estratégia daquela empresa, levando-a a prosperar, abrindo novos mercados.

Fiz esse movimento, por exemplo, por meio da minha empresa de consultoria, com a Matilat. Entrei na empresa para fazer uma transformação de valor: aumentar faturamento do mix de produtos fora leite UHT, uma *commodity* difícil de rentabilizar. Fiz um trabalho interno de mudança de *mindset* para resultado e fortalecimento das relações com os representantes.

Mês a mês, o crescimento veio. Até que, em um ano, a Matilat foi eleita a maior empresa de iogurtes líquidos do interior de São Paulo pela revista *SuperVarejo*, com pesquisa da Kantar, em 2019 (repetindo o feito em 2020). Com essa conquista em mãos, bati na porta de grandes atacadistas. E com a estratégia clara: me deem a oportunidade nas lojas do interior, onde a marca é forte. Bingo! Ganhamos todas essas lojas e hoje temos um faturamento extremamente relevante e crescente nesses parceiros.

Como mais um *case*, vou contar sobre o DaGaroa, camarote no Sambódromo de São Paulo que fundei com dois sócios, e é relacionamento puro. Quem me conhece bem sabe que sempre explorei o Carnaval nas empresas em que trabalhei por considerar um dos melhores eventos para esse objetivo. Como patrocinador, criava espaço dentro de camarotes famosos para levar clientes e sei que é uma oportunidade maravilhosa por envolver também a família.

Ninguém vai sozinho. Leva a pessoa que ama, às vezes filhos. Então, você tem a chance de conhecer melhor a pessoa e evoluir na relação, que deixa de ser somente comercial. E eu gosto demais de estar próximo dos clientes, criando esses elos. Sabendo disso, a profissional que operacionalizava esses eventos para a Bombril me convidou, em 2017, a me juntar a ela e mais um empresário.

O Carnaval de São Paulo vinha crescendo, e ela me admirava por conhecer tanta gente. O outro sócio, que já era um dos principais empresários do Carnaval do Rio de Janeiro, também gostou da ideia de ser meu sócio. E então eu respondi:

— Topo, desde que eu cuide do espaço corporativo.

O que eu enxerguei? Dentro desse camarote, que tem capacidade para 1.200 pessoas, tenho um espaço exclusivo, que comporta cem pessoas, para fazer com que as empresas se relacionem. Aquelas que patrocinam têm como contrapartida um ambiente propício para levar seus principais clientes e também se aproximar de outros importantes que, por me respeitarem, me conhecerem, dão abertura para serem convidados por mim.

Em 2020, a Mar & Rio Pescados patrocinou esse espaço por ter a estratégia de evoluir na sua distribuição e conhecer os responsáveis pelas grandes redes de supermercados para apresentar os produtos que importa. Fizemos uma pré-lista e convidamos. No local, montamos um buffet com os produtos para os convidados experimentarem e eu fui fazendo as apresentações.

O espaço empresarial dentro do camarote DaGaroa tem esse propósito de ser um lugar especial para celebrar novos relacionamentos com potencial de se tornarem perenes. Não há nenhuma obrigação de fazer negócios. É apenas uma oportunidade de conectar líderes de empresas que querem ser percebidas de uma forma diferente.

Considero o empresário Ricardo Gracia, fundador da Kidy Calçados, a maior empresa de calçados infantis do país, e do Speed Park, um dos maiores kartódromos do Brasil, um dos melhores exemplos de líder conectado, um mestre nessa relação ganha-ganha. É uma pessoa agradável e muito simples, que se prepara para ser relevante àqueles com quem quer fazer conexões. Quando se compromete, entrega muito mais, por entender o valor de um relacionamento construído.

Ser conectado

fundador da Kidy Calçados e do Speed Park, é líder conectado

Sou um líder conectado porque acredito na relação ganha-ganha. Sou uma pessoa confiável, estou sempre disponível. Busco sempre pensar estrategicamente, sabendo usar todas as oportunidades que aparecem.

Acredito que juntos somos mais fortes e vamos mais longe. Estar conectado é muito importante para que isso aconteça. Em minha trajetória empresarial, aprendi que estar conectado significa oportunidades, significa possibilidades.

Então, muitos dos negócios que consegui concluir foram em virtude das conexões que fiz, sejam elas em viagens internacionais e nacionais, ou durante telefonemas, reuniões, palestras, jantares, qualquer lugar onde a gente possa se conectar com as pessoas e criar um bom relacionamento. Isso ajuda a me manter conectado e a fazer uso dessas conexões numa relação ganha-ganha.

Busco, diariamente, estar em contato com as pessoas que possuem os mesmos interesses que eu tenho, que também estejam em busca dos mesmos sonhos e realizações. E essa conexão viabiliza a realização dos projetos que sonhamos.

RICARDO GRACIA RESPONDE A CINCO PERGUNTAS *SOBRE SER CONECTADO:*

1. Na hora de se conectar, qual é o segredo para focar a qualidade, e não a quantidade?

Tenho uma filosofia de trabalho que costumo chamar de DAN – Dinheiro, Autonomia, Necessidade. Levo esses valores em conta na hora de classificar minhas conexões, pois cada uma delas possui um grau de interesse – no sentido positivo da palavra, de somar e crescer juntos. A conexão é mais uma fonte de bons negócios, mas para isso é importante que ela seja interessante nas duas vias, ou seja, para mim e para o outro. Também crio a minha lista de conexões por ordem de prioridades naquele momento que estamos vivendo.

2. Como criar um *networking* que, de fato, esteja relacionado aos seus interesses?

As prioridades mudam com o tempo e isso, é claro, abre o leque de interesses. É possível que você tenha feito um contato cinco ou seis anos atrás que só agora se mostre útil. Portanto, é preciso manter a relação saudável com seu networking no transcorrer do tempo. Quando conheço alguém, e essa pessoa não cabe em nenhum negócio, também é preciso deixar claro, mas não significa que isso não possa mudar no futuro. Assim, mantenho um bom relacionamento, a despeito do momento presente. Mantenho, por exemplo, uma lista de aniversariantes. Tenho duas secretárias que me ajudam a lembrar datas importantes e a manter a agenda de contatos atualizada. Mando cartões, mensagens ou telefono. Sobretudo, nunca deixo ninguém sem resposta, mesmo que seja para dizer que estou ocupado e que ligo no próximo dia 15.

3. Quais são as ferramentas indispensáveis de um líder conectado que você ensinaria aos seus liderados?

A primeira ferramenta é ter um bom currículo, saber se valorizar. Se aperfeiçoar sempre para que as pessoas o considerem interessante. Também é fundamental criar diferenciais. O que você tem de especial ou diferente que faça as pessoas desejarem passar tempo com você, ouvir o que você tem a dizer ou oferecer? Ou você é apenas mais um? Portanto, torne-se alguém que faz a diferença e com quem as pessoas queiram se manter conectadas.

4. Como se manter conectado, de forma produtiva e construtiva, aos concorrentes?

Ser conectado

Em fevereiro de 2020, viajei a Dubai e à China com um grupo muito bacana de 47 empresários. Na volta, veio a pandemia, e decidi criar um kit bem legal com máscaras de proteção e enviei como presente a cada um desses parceiros de viagem. Eles não apenas gostaram, como acabaram fazendo encomendas para seus próprios negócios. Isso demonstra que concorrentes também podem e devem fazer parte do networking, *porque eles têm interesses parecidos e sempre podem somar.*

5. Manter-se inteirado e conectado para ser notado é essencial. Como se tornar uma fonte de informações em sua área de atuação e como se mostrar aberto aos novos contatos?

Para transmitir informação, eu preciso estar bem inteirado sobre o que acontece no momento. Para isso, invisto na captação de informações. Atualmente, isso está muito facilitado, seja por meio dos sites, seja pelas redes sociais e pelos vídeos. Eu também viajo bastante. Estou sempre ocupado com algo e até mesmo os momentos de lazer podem se tornar informativos, com esportes, atualidades, cultura. Entretanto, não faço questão de ser o dono da verdade. Minha filosofia é ouvir mais do que falar, prestar atenção ao que o outro tem a dizer. Quando ouvimos, aprendemos. Tempos atrás, uma palestra da Luiza Trajano (do Magalu) causou em mim um grande impacto. Quando retornei à empresa, pedi a um colaborador que descobrisse idade e nomes dos netos da Luiza e mandei sapatos personalizados para cada um deles. Escrevi no cartão para Luiza quanto sua palestra havia me feito pensar. Acabamos nos tornando amigos e até parceiros de negócios.

CAPÍTULO 9 /

SER
GENERALISTA

O líder generalista é aquele que não só dialoga com todos os aspectos da operação, como prepara o time para ter um entendimento 360 graus da empresa. Quer formar gestores com visão geral do negócio, a fim de deixá-los prontos para o que der e vier. Ele evita que os colaboradores criem raízes em um ou dois departamentos e acabem ficando com a carreira restrita – e a sua contribuição à empresa, idem.

É por isso que considero essa característica extremamente importante para acelerar o desenvolvimento dos funcionários e, junto disso, o atingimento das metas, garantindo melhores resultados a todos. E digo mais: quem tem a oportunidade de trabalhar com um líder generalista precisa aproveitar!

Afinal, uma das características comuns dos que chegam ao topo é a versatilidade de transitar por diferentes setores, cada um com suas peculiaridades. E mesmo que você não possua o conhecimento técnico de determinada área, isso não é um limitador para ser o gestor dela, visto que possui a visão que tem do impacto que ela gera no todo.

Falando em peculiaridades, uma das que o líder generalista enfrenta é justamente a de encontrar pessoas abertas a desenvolver essa visão mais ampla, tão necessária para suprir as várias demandas que as empresas de hoje têm. Por conceito, ninguém deveria *ser* do controle de qualidade, de logística ou do atendimento ao cliente. Deveria querer *passar* por várias funções, aprendendo e sendo útil enquanto integra experiências e conhecimentos.

Muitos profissionais carregam por meses ou anos essa dificuldade de perceber que não *são* da área, *estão* na área. Iludem-se com a ideia de crescer fazendo carreira cargo a cargo dentro da própria especialidade ("nasci marketing, quero ser diretor de marketing"), quando, na verdade, devem ampliar horizontes e competências. Pois eu comparo esse profissional enraizado, preso no quadrado da educação formal, com uma árvore, pois ele exige que o líder generalista "corte esse caule" para plantar em outros lugares, a fim de que esse profissional possa expandir limites a várias direções e oportunidades.

Esse líder analisa uma pessoa não só pela formação e área em que se desenvolveu tecnicamente. Ele é muito mais focado nas atitudes de querer resolver problemas – que vêm de todos os lados, exigindo esforço conjunto –, de achar saídas originais em meio a uma crise, de propor o que os concorrentes ainda não fizeram, e o que mais a empresa necessitar. É um profissional que não cria barreiras e vai somando desafios.

Para desenvolver tais atitudes, o generalista vai (re)alocar os liderados nos lugares e papéis necessários à sua estratégia, sobretudo os que tiverem os principais atributos para migrar de área. Pode anotar um deles: saber fazer gestão das pessoas tanto quanto de números, potencializando o atingimento dos resultados. Porque tecnicamente, depois, cada um vai buscar o conhecimento específico necessário, e a empresa deverá ajudar a investir nisso ou no direcionamento do que esse profissional precisa procurar.

QUEM NÃO QUER TRABALHAR COM UM LÍDER QUE PROPORCIONA UMA VISÃO 360 GRAUS DA EMPRESA, PERMITINDO QUE O PROFISSIONAL SE ENVOLVA E APRENDA COM VÁRIAS ÁREAS?

> *ESSE LÍDER SABE FAZER UM BOM BALANÇO ENTRE GERIR PESSOAS E NÚMEROS. FICA ATENTO PARA TRANSFERIR OS "BROTINHOS" ANTES QUE VIREM ÁRVORES NUMA ÁREA SÓ.*

Quem não quer trabalhar com um líder que proporciona uma visão 360 graus da empresa, permitindo que o profissional se envolva e aprenda com várias áreas? Várias pessoas que não têm essa chance nem é por culpa delas, mas sim por ingressarem em empresas muito grandes que os colocam para trabalhar apenas com uma de suas "trocentas" marcas, obrigando-os a focar essa marca o tempo todo. Uma visão míope e simplista dos seus empregadores.

Na contramão disso, quando eu ia contratar na Bombril, muitas vezes dava oportunidade a candidatos que vinham de pequenas e médias empresas por saber que, em empresas menores – pode até ser multinacional –, acabam sendo responsáveis por tudo. Quando trabalhei na General Mills foi assim. A terceira maior empresa de alimentos dos Estados Unidos e a quinta do mundo era pequena no Brasil. Eu era do marketing, mas precisava estar envolvido com desenvolvimento de produto, logística e outras áreas da cadeia. Participava ativamente das principais decisões em relação aos produtos.

Acho isso tão maravilhoso que recomendo a quem está no começo da carreira ou em transição que vá procurar emprego em empresas que dêem oportunidade de desenvolver essa visão do todo. Se já se encontra num ambiente assim, demonstre vontade de estar em projetos que envolvem outras áreas além da sua, porque isso fará uma grande diferença para si e para seus empregadores.

Nesse sentido, leva vantagem quem já teve essa experiência com negócio próprio e é contratado para cargo executivo? De fato, empreendedores costumam ter uma estrutura de equipe bem enxuta, então acabam

Ser generalista

acumulando experiências ligadas a vários departamentos de uma empresa grande, como jurídico, RH, marketing... Entretanto, não necessariamente precisa-se ter sido dono de negócio para se tornar um excelente líder generalista. Agora, é fundamental demonstrar espírito, mente e ações de um executivo empreendedor.

Eu sempre friso que todos nós temos de trabalhar como se fôssemos o dono, pois esse pensa muito além. O executivo empreendedor (também chamado de intraempreendedor) não é batedor de cartão preocupado em fazer só aquilo que consta no descritivo da sua função. Quer sempre inventar, movimentar, preservar, aumentar o bolo – e esse inconformismo o leva a enxergar o impacto de cada área no contexto geral da companhia. Assim, o entendimento do rumo da empresa fica mais claro.

A VISÃO TEM DE SER 360 GRAUS

Em 2015, no meu livro *Você pode mais: 99,9% não é 100%*, eu falei bastante sobre ser especialista-generalista. E volto a reforçar: você pode ser fera em marketing digital, mecatrônica ou segurança de redes, desde que use esse conhecimento qualificado como ponto de partida para abrir a cabeça e desenvolver uma compreensão multifocal. Ser um especialista em recrutamento, por exemplo, mas generalista em gestão, porque busca abrir o leque de bagagens.

Pois o mercado, hoje, cobra do profissional ainda mais fortemente essa atitude. Então, complemento que, quanto mais visão 360 graus você tiver, mais esse leque ficará aberto. E sugiro que qualquer **líder interessado em melhorar se pergunte**:

> **Tenho a visão 360 graus da empresa em que trabalho? Ou preciso ampliar meu horizonte?**

> **Se estou liderando bem uma área, apostariam em mim em outra? Ou ainda tenho o que melhorar?**

> **Pensando no meu desempenho nos últimos dois anos, como está o meu balanço, de zero a dez, entre gerir pessoas e buscar resultados? Como aumentar esse *score* o mais rápido possível?**

Em primeiro lugar, preciso avaliar se eu sou esse líder generalista. Se sim, em segundo lugar, preciso me preocupar em como fazer o meu time e a empresa serem também. Um bom começo é garantindo um recrutamento e um plano de carreira que não sejam necessariamente os tradicionais, baseados em currículo acadêmico e promoções verticalizadas. Mas, sim, valorizando muito mais as atitudes e as projeções de resultado para que as pessoas fortaleçam seu crescimento conhecendo diversas áreas da companhia.

Uma dúvida que surge é se, ao montar o time, deve-se procurar generalistas ou fazer um mix com especialistas também. Eu respondo que você nunca terá um time 100% de generalistas, mas precisa estimular essa atitude em todos. Obviamente, cada área precisa ter uma base técnica consistente. É por isso que há os analistas, os tecnólogos...

Entretanto, quanto mais você vivencia a empresa, mais terá a possibilidade de puxar o seu time para ganhar a visão 360 graus. Você vai entendendo a atitude das pessoas para conseguir fazer com que elas cresçam, se ramificando e se desenvolvendo para outros departamentos.

Nesse processo, pense ainda que estará facilitando o seu papel de encontrar futuros líderes e até seu próprio sucessor ou braço direito. Você tem de ser capaz de identificar, entre os especialistas, aquele com maior habilidade para se tornar um grande líder.

QUEM QUER CRESCER DEVE ESTAR CIENTE DE QUE O GENERALISTA TERÁ MAIS OPORTUNIDADES.

POIS O MERCADO, HOJE, COBRA DO PROFISSIONAL AINDA MAIS FORTEMENTE ESSA ATITUDE. ENTÃO, COMPLEMENTO QUE, QUANTO MAIS VISÃO 360 GRAUS VOCÊ TIVER, MAIS ESSE LEQUE FICARÁ ABERTO.

Meu MBA foi em Gestão de Negócios, mas por quê? Mesmo sendo apaixonado por marketing, quis estudar todas as áreas empresariais para ampliar o leque de conhecimento e de argumentação. Por perceber cedo que meus interesses e habilidades ultrapassavam a minha formação, apostei em me tornar um líder generalista, e isso me alçou a patamares altos. Essa veia administrativa, inclusive, me levou a investir em uma franquia para minha mãe comandar e outra para minha esposa. Tenho o prazer de colocar em pé novos negócios!

Eu sempre fiz questão de estar próximo de todas as áreas, envolvido e agregando nos projetos, sem nem pensar se eram da minha área de gestão ou não. Eu queria participar, me colocar à disposição como um solucionador. Não por acaso, o líder generalista é visto como um profissional agregador pelos outros. Como tem esse balanço de gerir pessoas e entregar resultado, é útil e pode fazer a diferença em qualquer desafio interno.

Esse olhar amplo, eu enxergo demais no Júlio César Antônio, dono da Mar & Rio Pescados, a maior importadora e distribuidora de peixes, frutos do mar e produtos orientais do país. É um líder diferenciado, que valoriza muito a entrega das pessoas. Ele mensura os resultados e vai acelerando as oportunidades para que abracem outras áreas, desafiando-as a sair da zona de conforto técnico e a construir relacionamentos na empresa.

Graças a essa escadinha de crescimento, vários de seu time partiram do nada e conseguiram acelerar a empresa dele. Estão há muito tempo com Júlio por causa dessa relação de confiança, do conhecimento adquirido sobre o negócio e dos resultados entregues. Acredito ser muito importante esse balanço.

Ser generalista

JÚLIO CÉSAR ANTÔNIO,
fundador da Mar & Rio Pescados, é líder generalista

Com 8 anos, fui engraxate. Aos 10, entregador de jornal. Dos 12 aos 17 anos, trabalhei num escritório de contabilidade. Com 17 anos, mudei do interior paulista para a capital à procura de trabalho e estudo. Ingressei em uma empresa multinacional e nela permaneci por quase vinte anos, encerrando minha carreira na companhia como diretor executivo.

Em 2002, nascia a Mar & Rio Pescados. Começamos nossas atividades na área da aquicultura, na comercialização do filé de tilápia e do filé de Saint Peter. Hoje, temos mais de quinhentos produtos no portfólio. Atuamos em nível nacional e importamos de dezessete países. Trabalhamos nas linhas de pescados, frutos do mar e culinária oriental.

Dentro da nossa carteira, há mais de 4.500 parceiros nos segmentos de restaurantes, hotéis, cozinhas orientais e varejo. Temos a nossa indústria e o nosso Centro de Distribuição (CD). Mantemos a visão de formar aquele profissional que pode ser chamado de líder generalista. Esse colaborador não fica em um só departamento, criando raízes. Queremos que ele adquira, também, conhecimento em outros.

Para conseguir isso, esse colaborador precisa ter uma visão macro da nossa empresa. É importante que ele tenha conhecimentos nas áreas de finanças, marketing, logística, comercial. A verdade é que desenvolvemos um time de polivalentes.

Com isso, nós ganhamos muito. Aumentamos a capacidade de produção, ganhamos eficiência em nossos processos; e as reuniões se tornaram mais leves, porque são objetivas e com maior praticidade. Isso tudo trouxe um crescimento acelerado da nossa empresa; e assim alcançamos o sucesso.

JÚLIO CÉSAR ANTÔNIO RESPONDE A CINCO PERGUNTAS SOBRE SER GENERALISTA:

1. Como você percebe que um colaborador tem potencial para se transformar em um futuro líder generalista?

Faço uma análise do nível de envolvimento do colaborador em suas ações individuais e coletivas no cumprimento das tarefas. Analiso também a qualidade de suas entregas.

2. Qual é a importância de conhecer várias áreas para a tomada de decisões em relação a quem é especialista só numa área?

A importância é grande, realmente, pois aumenta o índice de assertividade do profissional, uma vez que sua visão é macro, mais abrangente.

3. Qual é a melhor maneira de um líder generalista passar suas ideias a equipes de diferentes áreas e estimular para que ajam conjuntamente em torno de um objetivo maior?

Sendo o exemplo, mostrando resultados práticos, palpáveis. Contra resultados visíveis, não há questionamento que se sustente.

4. Quais são os seus critérios principais para estabelecer os funcionários que assumirão cargos-chave em cada setor?

Observo a conduta perante a empresa e também em relação aos outros colaboradores e demais membros do time, independentemente do nível de hierarquia. O seu comportamento como pessoa e profissional, ainda mais em momentos de crise, a maneira como reage à pressão e a sua contribuição (qualitativa e quantitativa), suas entregas e disposição às mudanças são critérios bastante relevantes.

Ser generalista

5. De que maneira o ambiente de trabalho influencia a formação de profissionais versáteis?

O ambiente sendo leve, cooperativo e ao mesmo tempo estimulante, influencia muito e de maneira positiva o alcance dos resultados planejados.

CAPÍTULO 10 /

SER
MINIMALISTA

Este líder tem na veia o controle dos custos. Entende e dissemina a importância de se fazer mais com menos, de gastar o necessário. Possui uma educação fortíssima de controle por identificar, de um lado, os excessos, e de outro, as oportunidades de melhorar a aplicação dos mesmos recursos.

Há quem pense que ser minimalista é só um nome bonito e romântico que eu arrumei para explicar uma obsessão por cortar custos, ou "passar o facão" de qualquer maneira para aumentar o lucro, prejudicando o crescimento da empresa. Mas não é nada disso. Precisamos mudar essa crença de que é ruim querer fazer mais com menos, acabar com o viés de "pão-durice" ou "síndrome de Tio Patinhas".

Nas minhas consultorias, provoco uma mudança de *mindset* a esse respeito. Pois o líder pronto para tudo tem de fazer a empresa inteira incorporar a preocupação de gastar somente o necessário e nenhum centavo a mais. Entendendo que não significa deixar de fazer acontecer, mas sim fazer bem feito gastando o mínimo.

Dentro da nossa casa, com o nosso dinheiro pessoal, temos essa mentalidade. Não lotamos a despensa e a geladeira de itens que não vamos consumir e também não contratamos o primeiro prestador de serviços que aparece, sem comparar o orçamento apresentado com outros. Se nós queremos trocar de sofá ou colchão, pesquisamos preço em relação à qualidade de entrega. Então, me diga: por que no ambiente do trabalho seria diferente?

Infelizmente, o que mais se vê no mercado são empresas gastando muito além do necessário. Os "ralos" de saída de dinheiro são os mais variados, podendo abranger uso indiscriminado de recursos, como água e energia elétrica, falhas nos processos de contratação de pessoas, problemas com estoque ou insumos utilizados, desorganização tributária, horas extras que poderiam ser evitadas, perda de produtividade na produção, rotas de logística sem sistematização.

Eu aponto dois problemas centrais:

1. Ou é por falta de organização e planejamento;
2. Ou é por falta de envolvimento, de mobilização.

A liderança precisa combater esses dois problemas, com a consciência de que essa mudança de cultura tem de ocorrer de cima para baixo, numa abordagem *top down*, ou seja, começa geral e desce até níveis específicos. Planejando melhor a parte de custos e envolvendo todos nessa meta de enxugar, de fazer bem feito gastando o mínimo possível.

O lema é praticar uma gestão implacável de custos, bem na linha do que o livro *Sonho grande*[21] conta sobre o trio de investidores Jorge Paulo Lemann, Marcel Telles e Beto Sicupira. Eu os considero líderes minimalistas, pois defendem que custo é como unha: tem de cortar, aparar sempre, porque cresce. Essa mentalidade começou com cortes nos privilégios da diretoria e chegou ao estacionamento. Ou você pensa que, ao visitar a Ambev, não vai pagar pela vaga do seu carro?

---

21 CORREA, Cristiane. **Sonho grande**. Rio de Janeiro: Sextante, 2013.

Ser minimalista

Custo, para mim, é a essência de qualquer grande empresário – e recomendo cortar mesmo, na "carne" dos desperdícios, mesmo que doa um pouco de início.

O MINIMALISTA FAZ GASTOS, MAS COM A CLAREZA DE QUE PODE GASTAR MENOS SEM LIMAR A QUALIDADE, VALORIZANDO A CRIATIVIDADE, AGINDO COM RESPONSABILIDADE.

Uma maneira simples de fazer isso é pedir sempre três orçamentos de bons prestadores de serviço, fornecedores, terceirizados. As agências de design ou publicidade que trabalham comigo já sabem disso e trazem para a mesa as propostas de três parceiros delas. E eu acrescento, por conta própria, um quarto ou quinto orçamento de alguma empresa nova para todos.

Não é por desconfiança nem quero interferir nas parcerias das agências. Apenas, se obtiver um custo mais interessante com a minha pesquisa particular, ponho também na mesa e digo: "Eu tenho um orçamento melhor do que os três apresentados. Vai falar com esse também ou dará chance aos seus de chegarem no mesmo valor?".

Também é prudente revisar periodicamente os contratos com fornecedores de serviços e produtos para ajustar à realidade do seu negócio. Vou citar um exemplo que vivo com frequência nas empresas para as quais faço consultorias: elas não aproveitam seus crescimentos para garantir melhores custos. Explico a cada uma ser crucial realizar revisão trimestral ou semestral, no mínimo, dos volumes adquiridos em comparação ao período anterior.

Cresceu? Boa hora para negociar descontos, prazos de pagamento etc. É uma questão de não se acomodar e de lembrar de estabelecer regras para garantir essas negociações constantes.

Outro ponto importante é buscar ajuda com terceiros especialistas em trabalhar com a política *"success fee"*. Eles estudam melhorias e, daquilo que conseguem, ficam com uma parte, e o restante é lucro direto para a empresa. É alguém que não faz parte da rotina do dia a dia e vem para enxergar além, com propósito de otimizar os custos.

Na Matilat, logo que iniciei meu trabalho, apresentei um profissional que faz análise de todos os possíveis ganhos com embalagem durante o processo, incluindo os materiais utilizados e os fornecedores disponíveis. Em seis meses de trabalho, apresentou oportunidades que o time, de tão envolvido pela dinâmica do dia a dia, não enxergava com rapidez.

Mais um caminho que as empresas têm que provocar o tempo inteiro é estimular as áreas de desenvolvimento de produtos a fazerem análises constantes dos concorrentes para descobrir oportunidades – nas formulações, principalmente.

De novo, o objetivo dessa gestão eficiente de gastos e custos fixos e variáveis é garantir a boa saúde financeira da empresa e a manutenção das atividades (leia-se: desde o pagamento de salários à compra dos insumos necessários) com ou sem as turbulências internas e externas.

GASTAR MENOS DO QUE OS CONCORRENTES E BRILHAR MAIS

Para mim, o minimalista é aquele cara que quer impulsionar crescimento, mas faz isso engajando o time a pensar que dá para fazer o resultado gerenciando melhor a relação custo versus geração de receita. Implantar a prática de analisar três orçamentos é o básico, e buscar um quarto, de alguém de fora do relacionamento de quem está pesquisando, ajuda a lutar pelo menor e fazer acontecer.

A Bombril é o meu maior *case* sobre isso. Durante a minha gestão, a empresa figurava entre a segunda ou terceira marca de maior visibilidade na mídia para o consumidor,[22] sendo que tinha um quarto da verba dos principais

---

22 Conforme levantamento anual da revista *Meio&Mensagem*.

PRECISAMOS MUDAR ESSA CRENÇA DE QUE É RUIM QUERER FAZER MAIS COM MENOS, ACABAR COM O VIÉS DE "PÃO-DURICE" OU "SÍNDROME DE TIO PATINHAS".

concorrentes. Como assim? A gente sabia fazer, investia com o critério de buscar o melhor resultado com o menor custo possível.

Nossas campanhas de marketing não previam comercial no intervalo da novela das nove da Rede Globo. Patrocinar o quadro "Melhor Doméstica do Brasil", no Programa Raul Gil (SBT), custava bem menos, atendia especificamente à estratégia que eu precisava entregar e dava mais resultado por atingir essa profissional responsável por escolher os produtos de limpeza doméstica.

Muitos profissionais poderiam pensar: *Caramba, não investir na Globo? Que arriscado, ainda mais porque os principais concorrentes estão lá!* Decisão difícil, mas eu fiz diferente ao realizar a melhor estratégia com menos custo. É preciso entender que o líder minimalista vai fazer acontecer. Nunca deixará de bater a meta planejada, podendo, inclusive, superá-la com esse uso consciente do dinheiro.

TENHA UM CRITÉRIO E MOBILIZE A EQUIPE

No LIDE, tenho todo um cuidado de entregar aos grandes empresários do Noroeste Paulista os melhores eventos dos quais já participaram na vida. Somente com um controle rígido de custos consigo operacionalizar. O principal critério é saber o que esse público mais valoriza.

Num casamento, a decoração, a música, o buffet são bastante observados. Já num evento empresarial, o que presidentes e donos de grandes empresas procuram primeiro é o conteúdo – quem será o palestrante? Um ministro discutirá o futuro da economia no Brasil ou virá a mulher eleita empreendedora do ano? Terá uma premiação que reunirá executivos das empresas mais inovadoras?

Se o conteúdo é o custo principal, o restante é veículo para fazer acontecer o evento da forma mais agradável e profissional. Precisa ter uma alimentação muito boa? Sim, mas não precisa ser gourmet, assinada por um chef premiado com estrelas do famoso Guia *Michelin*. É diferente de organizar um casamento, por exemplo.

Ser minimalista

Procure ter um critério e ponha tudo na ponta do lápis. "Estamos com um projeto? O que não podemos deixar de entregar? É isso." Para o restante, nós podemos achar gente boa, que queira fornecer aquilo de que precisamos pelos menores custos possíveis.

Certa vez, fui gravar um comercial da Bombril com uma celebridade que tinha um *staff* grande ao seu dispor. Meu time logo percebeu ali uma produtora que resolvia uma série de coisas diretamente a um custo bem melhor quando comparada a chamar uma agência como intermediária.

Conto isso para mostrar quão importante é ter uma equipe que enraizou o pensamento: *Nós queremos fazer, vamos pôr em prática, não desistiremos... apenas temos de trazer para o jogo quem está com vontade de participar com o melhor custo-benefício*. Eu apoio muito isso.

Há empresas com áreas de suprimentos muito bem desenhadas e foco de trabalho claro, que exigem no mínimo três propostas de fornecedores e ainda pedem outras para usar como base de negociação mais forte, sem perda de qualidade.

Infelizmente, a maioria, argumentando a correria, opera no desperdício com medo de perder qualidade, de melindrar relacionamentos com fornecedores antigos, de testar algo diferente (uma tecnologia nova, por exemplo) e mais barato que pode não dar certo. Ter atitude minimalista também exige coragem para arriscar com vários fornecedores e processos produtivos que levem a resultados melhores e mais rápidos.

VALE A PENA DAR OPORTUNIDADE AO NOVO PORQUE TEM GENTE MUITO BOA NO MERCADO, COM IDEIAS INOVADORAS, SIMPLIFICADAS, SUSTENTÁVEIS, NESSA CADEIA DO MAIS POR MENOS.

Vale o jogo da verdade na contratação de serviços e produtos. "Entregue seu menor orçamento porque não vai ter segunda chance" é o que eu falo, por já ter "na manga" um rol de empresas com quem posso trabalhar. Então, vou escolher aquele que me entregar o menor orçamento para batalhar a melhor negociação do mercado. Continuo: "Não vamos perder tempo. Entenda e venha para participar do jogo".

Isso é muito importante: entender que a atitude minimalista precisa vir de cima para baixo, fazer parte da cultura da empresa, ser a base do orçamento, com o líder conduzindo todas as áreas a usarem bem as verbas disponíveis e planejadas. A conclusão a que chegarão é que dá para gerir melhor os custos e fazer muito mais do que se imaginou ao estudar todas as possibilidades.

VOCÊ SE TORNA UM GERADOR DE OPORTUNIDADES

Nesse caminho de ser minimalista, você se torna um gerador de oportunidades para muitas empresas que até então não trabalhavam para você, mas adorariam. Assim, abre o leque de fornecedores, parceiros, e também colabora para a economia girar. É preguiçoso chamar só os fornecedores mais conhecidos do mercado e, geralmente, os mais caros.

Vale dar chance a outros que tenham condição de entregar aquilo de que precisa, e que talvez coloquem a sua empresa como prioridade no negócio deles. Sem contar que há empresas e fornecedores recém-chegados ao mercado usando tecnologias que os levam a fazer propostas bem competitivas. Você não vai abrir mão da qualidade, mas pode dar oportunidades a quem quer crescer junto da sua empresa, porque você ensina a sua cultura.

Só não pode é gerar oportunidade de ser chamado, às escondidas, de incoerente. Digo isso porque, em algumas empresas, ainda impera a máxima: "Faça o que eu digo, não faça o que eu faço". Não funciona pregar a cultura do "vamos gastar bem, vamos fazer valer o orçamento", e depois o funcionário ver o líder gastando como se não houvesse amanhã. É aquele negócio: pede

Ser minimalista

para orçar minuciosamente tudo, mas na hora de comprar o carro para quem tem direito a esse benefício, você não dá o exemplo?

Coerência é uma palavra que tem ligação forte com esse minimalismo. É por isso que eu friso que tem de ser de cima para baixo na hierarquia de funções dentro da empresa, pois quem está nos estágios superiores concentra o poder para autorizar as compras e os pagamentos de despesas. Então, precisa ser exemplo distribuindo bem a verba disponível e capacitando o time nessa mesma direção.

Tem uma inteligência de gastos aí que você pode ensinar no dia a dia. E o melhor retorno de ter essa atitude na veia é ver mais projetos sendo concretizados por causa desse controle rígido de custos. Você consegue acelerar muitas outras oportunidades de crescimento porque não vai faltar dinheiro.

O EFEITO POSITIVO DE BRECAR DESPERDÍCIOS E EXCESSOS É SOBRAR DINHEIRO PARA REINVESTIR AINDA MAIS NO NEGÓCIO, POTENCIALIZAR ESSE RECURSO, QUE É FINITO.

Para você compreender, na prática, o que significa atingir esse grau de eficiência no controle do caixa, convidei Rogério Gabriel, do Grupo MoveEdu, a maior rede de franquias de ensino profissionalizante da América Latina. Ele começou com o Grupo Prepara, depois foi criando e comprando outras bandeiras. E sua atitude minimalista de dar o devido valor ao dinheiro contribuiu demais para essa escalada.

É perceptível na equipe dele essa cultura: "Eu não quero deixar de fazer, eu quero fazer; mas vou pagar e posso pagar X". Além disso, sua atitude minimalista não o torna injusto. Não quer só tirar proveito dos parceiros e fornecedores, jogar os orçamentos para baixo, usar a tática suja de tentar desqualificar o trabalho do outro para pagar menos. Rogério sabe que pagar menos do que vale pode ser um tiro no pé. O que ele procura (e sabe achar) é a melhor relação custo-benefício.

LÍDER PRONTO PARA TUDO

ROGÉRIO GABRIEL,
presidente e fundador do Grupo MoveEdu,
é líder minimalista

Venho de uma família de empreendedores. Desde criança, assistia ao vivo a esse exemplo de se fazer mais com menos e de como realizar investimentos utilizando o caixa gerado pelo próprio negócio. Era uma época em que você precisava crescer organicamente. Era quase uma imposição construir a partir do lucro gerado pelo próprio negócio.

Para conseguir isso, é necessário ser muito austero em relação aos custos. E algo fundamental que surge com essa atitude é não limitar seu crescimento em razão do seu potencial de investimento. O seu mindset deve ser de crescimento, e você vai construir com o capital disponível.

Uma empresa é formada pelas pessoas que fazem parte dela. Então, é importante criar em seu time essa cultura de se fazer mais com menos, de ter essa mentalidade de crescimento mesmo sem grandes investimentos, de não queimar caixa.

Essa cultura se constrói com o tempo e se consolida à medida que os colaboradores participam desse processo e veem as coisas acontecendo. Eles começam a ser bastante austeros com orçamentos e, na hora de montá-los, levam em conta exatamente esses pontos. Isso acaba criando um circuito positivo dentro do processo de gestão como um todo, que fica impregnado dentro da empresa.

Ser minimalista

ROGÉRIO GABRIEL RESPONDE A CINCO PERGUNTAS SOBRE SER MINIMALISTA:

1. Na hora de promover uma cultura de controle de custos dentro da empresa, o que considera um fator crítico?

O fator mais crítico, no meu entender, se refere a separar o que é controle de custo dos fatores de crescimento acelerado, sem que essa separação seja malfeita. Isso exige clareza a respeito do que realmente é necessário, ou seja, realizar despesas ou investimentos da maneira correta.

Na empresa, temos uma cultura de custos bem definida e exploramos isso no dia a dia, em detalhes. Por exemplo, mantemos uma "geladeira open" disponível para funcionários durante o café da manhã e o lanche da tarde. Os alimentos estão ali para todos, mas cabe a cada um consumir de maneira responsável, como acontece dentro de uma casa. Em outras palavras, disseminamos essa cultura de se fazer despesas ou investimentos sem avançar o sinal.

2. Quais são os critérios para se estabelecer prioridades e fazer com que elas sejam obedecidas de modo a fazer mais com menos?

O primeiro critério é criar espaço para que as pessoas cresçam junto da empresa. Quem está conosco nessa jornada consegue enxergar nossa curva de crescimento e não precisa sair atrás de oportunidades fora da empresa. Para isso, todos sabem quanto é importante colocar os investimentos no ataque, ou seja, definir (a direção com a equipe) muito claramente quais são os KPIs[23] que vão fazer a diferença no crescimento em conjunto, empresa e seus colaboradores.

Outro critério é colocar o dinheiro nas alavancas corretas de

---

23 Sigla em inglês para *Key Performance Indicator*, ou seja, indicador-chave de performance/desempenho.

crescimento acelerado. Isso, forçosamente, exige rigidez no orçamento e valorização dos recursos. Jogar duro na bola, não na canela do jogador. Trabalhar colocando os investimentos no local necessário, deixar claro o que a empresa espera de cada um e valorizar o seu esforço para cumprir.

3. Como definir metas ambiciosas para o futuro da companhia sem ultrapassar os parâmetros financeiros preestabelecidos?

Sonhar pequeno dá o mesmo trabalho que sonhar grande, por isso sonhamos grande. Queremos deixar um legado de crescimento acelerado com controle de custos rígido para demonstrar que, sim, é possível.

Somos uma empresa de cultura empreendedora, que é muito diferente das empresas com visão corporativista. Para nós, empreender significa arrancar a mandioca de debaixo da terra, e não só querer o fácil, como tirar do pé a fruta que está ao alcance das mãos. Para isso, é preciso ter muita paixão e, principalmente, cultura de dono – o que significa ter vontade de impactar um alto volume de pessoas, mas cuidando de cada detalhe, com muita dedicação.

4. Como o líder pode maximizar o desempenho da equipe em relação aos gastos?

Liderando por meio do exemplo. Ao realizar pequenos gestos, como desligar a luz da sala ao término da reunião, cria uma cultura de gastos controlados. A propósito, uma boa sala de reuniões pode ter cadeiras confortáveis, uma boa mesa, projetor, ambiente climatizado, sem que precise de um projeto assinado por um decorador famoso. Tudo se trata de pôr o investimento no lugar certo, ou seja, no ataque.

Oferecemos uma remuneração variável agressiva justamente para que nossos funcionários possam usufruir do que desejarem como pessoa física, e não utilizando os recursos da empresa – pois esses podem ser empregados de melhor forma, em investimentos para o benefício de todos.

Claro, também gosto de frequentar restaurantes especiais com minha esposa, mas vou como pessoa física, no fim de semana, e não jurídica, às segundas-feiras. Essa é a cultura de dono, aquela na qual, como dono do negócio, você não comete despesas desproporcionais às reais necessidades da empresa, não tira recursos de crescimento para gastos pessoais.

5. Qual é o papel do planejamento estratégico dentro dessa atitude minimalista para manter o potencial de investimento e aumentá-lo?

O planejamento estratégico serve como um norte. O ponto principal é que seja muito bem discutido e acordado para facilitar alcançar a meta. Também não adianta apostar em vários cavalos ao mesmo tempo. É definir um direcionamento estratégico e colocar nele todas as fichas, sem ratear entre diversas metas, para evitar desperdício de recursos.

Depois de aprovado, é preciso ir a fundo na execução. Devemos tanto desdobrá-lo em cada nível de linha e detalhe quanto trazê-lo para o presente e realizar um mapeamento completo, apurado. Para tanto, a controladoria faz a diferença, observando a rigidez do orçamento em cada detalhe.

Vale ressaltar que essa rigidez não funciona como uma jaula para o crescimento. Se nós enxergamos uma nova e clara alavanca de crescimento, mesmo que não tenha sido prevista, paramos e rediscutimos se vale a pena incluí-la. Caso isso não aconteça, seguimos o orçamento como planejado até o fim. Esse é o mindset das empresas de crescimento exponencial.

TER FOCO
NA SOLUÇÃO

O utra atitude que está incrivelmente em falta nas empresas de hoje é a desse líder, que quer resolver a situação do cliente em primeiro lugar, e só depois procura ajustar os processos para evitar a repetição do erro. Ele se diferencia de tantos outros que perdem a oportunidade de aprender com a situação, priorizando achar "o culpado?" e repetindo "por que fez isso?", com intenção de iniciar a velha dinâmica da caça às bruxas, que somente dissemina o medo nas empresas.

O líder forte acredita muito mais em isolar o problema para focar a solução. Pergunta logo se a equipe está resolvendo com o cliente (e para o cliente) e quer saber:

— O que podemos fazer para que isso não abale a nossa relação com ele?

Depois que o cliente foi atendido na sua necessidade urgente, é hora de avaliar o impacto dentro de casa com o intuito principal de extrair aprendizados. Essa avaliação precisa ser em um sistema que contribua para o crescimento profissional de todos os envolvidos no problema. Na postura contrária, quando você inicia uma caça às bruxas, o que consegue é empurrar a empresa para viver um inferno astral.

Afinal, seus liderados não podem falhar nas tentativas de fazer diferente, porque pensam: *Eu sei que não vão nem me deixar explicar* ou *Vão me culpar até pelo que eu não fiz* etc. A pressão para acertar 100% das vezes acaba gerando um medo desproporcional de arriscar lançar qualquer ideia "fora da caixa". O maior temor é com o peso do julgamento lá na frente.

Essa lógica da perfeição, além de incongruente, não contribui para o desenvolvimento dos profissionais, que precisam buscar novas soluções o tempo inteiro para que a empresa se mantenha competitiva, dentro do jogo do mercado, ávido por inovações. Então, ficar procurando culpados é perda de tempo e energia – seria realmente não olhar para a frente!

Querer blindar a equipe para nunca errar cria um efeito pior ainda. Sabe qual? Quando surge um problema, ninguém quer se arriscar a trazer a solução para a mesa, pois todo mundo fica tão travado que nem ao menos consegue encontrar saída. A maior tentação é a de ocultar, encobrir, disfarçar, negar enquanto não há danos imediatos, sendo que o ideal seria expor o problema logo para não virar uma bola de neve, ou seja, achar o melhor caminho para a solução.

Em empresas de vários portes, regionais, nacionais e multinacionais, encontramos muitos profissionais que não arriscam por medo de errar e serem tolhidos, punidos. Eles vão ficando frustrados e acabam entrando em uma zona de conforto difícil de sair. Acabam fazendo só aquilo para o qual são remunerados, sem encontrarem espaço para criações e experimentações. Parecem que estão sempre na "forca".

JÁ O PROFISSIONAL COM LIBERDADE PARA FAZER O QUE ACREDITA QUE PODE SER FEITO TERÁ SOLUÇÕES E VÁRIOS CAMINHOS SATISFATÓRIOS A OFERECER ÀQUELE CLIENTE IMPORTANTE.

Ter foco na solução

Quando acontece algum erro ou falha, ele dá um jeito de contornar, consertar, substituir, compensar o cliente, envolvendo quem precisa envolver. Em vez de tumultuar ou fazer o maior estardalhaço em torno do ocorrido, leva a quem interessa uma solução com clareza para resolver aquela situação específica.

De novo, o líder com foco na solução trata a questão do erro assim: "Aconteceu? Vamos isolar o problema e resolver a queixa do cliente. Depois, o grupo vai achar a(s) causa(s) e aprender com ela(s) para que não haja repetição". E é para todos os envolvidos nesse processo darem um salto qualitativo, não para achar culpado.

PARCEIRO SE APRESENTA PARA RESOLVER

Eu sempre falo que o melhor investimento que a empresa faz é transformar o cliente em parceiro. E ele se sente mesmo parceiro quando sabe que, independentemente do problema que possa surgir e da rotina de qualquer empresa, terá a solução na mão dele. A confiança de que receberá o devido suporte para qualquer transtorno é fundamental para que aposte no seu produto ou serviço.

Então, o líder precisa orientar o time para ser visto como parceiro, gerando em toda a carteira de clientes pensamentos positivos como: *Vamos dar uma chance, escolher essa empresa, porque, se tivermos qualquer problema, sabemos que ela vai nos ajudar a resolver*. Da mesma forma, ele deve dar liberdade para que esse mesmo time possa fazer a diferença, arriscando-se um pouco mais, por saber que terão apoio caso nem tudo corra 100% como planejado.

Aos que titubeiam, eu provoco: "Cadê o estímulo para o time extrapolar e surpreender os clientes com aquilo que a concorrência ainda não está fazendo?". Os saltos de crescimento tão cobrados só virão para quem se arrisca, erra, soluciona e se arrisca mais um pouco. Erros desse tipo são benéficos e geralmente proporcionam aprendizados preciosos para acelerar e potencializar a evolução da empresa como um todo. E, muitas vezes, transformam o setor.

PODEM SER VÁRIAS SOLUÇÕES

Quem tem foco na solução capacita sua equipe para essa dinâmica e avisa que a solução nunca é uma só. Você deve ter opções para o caso de apostar em uma que talvez não dê o efeito desejado. Também estimule sua equipe a ter algumas "cartas na manga", trazendo ao menos três alternativas.

O líder forte conduz para que o problema seja resolvido sem causar um estresse maior dentro da empresa, a não ser que seja algo que exija envolver mais gente. Senão, ele traça um caminho, levanta as alternativas disponíveis e vai resolver. Quando coloca sua atenção para entender o que aconteceu é porque já blindou quem mais importa nessa hora, o cliente, de um prejuízo maior.

Perceba que tudo isso é para preservar a relação com o cliente (tenha sempre em vista que recuperar um dá muito mais trabalho do que conquistar um novo). Muitas vezes, esse mesmo cliente até ajuda a resolver e estará do seu lado, em retribuição a você por ter se colocado do lado dele. Quando perceber realmente que você está do lado dele, ele vai se colocar do seu. É a percepção clara e natural da relevância!

O PROBLEMA PRECISA ESTAR RESOLVIDO PARA O CLIENTE ANTES DE ESTAR RESOLVIDO PARA VOCÊ MESMO.

Ter foco na solução

Quem tem foco na solução está consciente do desgaste que vai gerar internamente, mas tem inteligência emocional para passar ao cliente a segurança de que para tudo há uma solução, e também à equipe para não tratar esse desgaste interno como o fim do mundo.

Não adianta fingirmos que nada aconteceu. Resolveu? Agora vamos ver o que nós podemos aprender com isso para melhorar os processos. Melhor ainda é fazermos com que essa postura vire rotina, ao ponto de querermos resolver também problemas dos clientes para encantá-los e fidelizá-los ainda mais.

Quando eu estava na Bombril, constatava quão importante era levantar com os departamentos dos clientes aquilo que nós, como parceiros, podíamos fazer para que eles melhorassem seus resultados. Entre várias ações que nossos vendedores levavam aos clientes supermercadistas para serem vistos como agentes de mudança, uma que adoro tinha o nome de "mapão do cliente".

Sabíamos que compravam produtos de higiene e limpeza de uma porção de fornecedores e marcas, além dos nossos, o que dificultava gerir bem essa diversificação nas lojas, por mais que nunca admitissem. Então, analisávamos essa distribuição nas gôndolas de cada cliente e levávamos. Quando ele via o mapão, ficava surpreso, porque, em geral, não tinha a exata noção de quantas marcas de amaciantes estava comprando, por exemplo.

Eu orientava os vendedores a dizerem: "Por favor, não me veja como alguém que quer saber mais do seu negócio do que você, mas nós vivemos o dia a dia desses produtos, então procurei colaborar trazendo essa facilidade". Conclusão: conseguiam revelar falhas no mix já propondo soluções mais variadas (e lucrativas para ele e para nós!) para as gôndolas.

Agora, imagine se eu só ficasse reclamando com os vendedores por não estarmos nessa ou naquela gôndola, enquanto nosso consumidor se queixava de não encontrar nossos produtos? É preciso olhar a situação de uma forma proativa e de grande impacto no fortalecimento da relação de parceria.

HAJA SENSO DE URGÊNCIA!

Qual empresa, hoje, projeta um leque de alternativas para todos os seus passos, as suas ações? Poucas. Cada departamento precisa se corresponsabilizar por esse foco na solução e ter alternativas na manga, consciente dos possíveis problemas que pode causar a outros se ficar omisso.

Quando o líder tem essa visão, coloca a empresa em outro patamar. Deve ser rotineiro ter muitas soluções/alternativas na mão para serem usadas no momento correto, conforme uma iniciativa dê certo, fique no meio do caminho ou dê erradíssimo. Para tanto, é recomendável haver um exercício constante de "vamos tentar isso, e o que pode acontecer?", "se aquilo não der certo, vamos pensar todos juntos nas possíveis saídas" ou, ainda, "por mais que isso dê certo, o que pode ser melhorado?".

Ao enxergar isso, você descobre que dá para levantar alternativas da noite para o dia e colocá-las na mesa com agilidade e eficiência. E lembre-se de que, como líder, você tem poder de decisão. Às vezes, eu ia com meu vendedor até o cliente com o intuito de agilizar o "sim" como resposta, utilizando o meu poder de decisão.

A realidade é que você só dá solução quando ergue a mão e fala: "Vai ser assim". Por isso, é importante que tenha voz para decidir, que possa tomar a frente para socorrer seu cliente quando ocorrer algo inesperado. Mesmo não tendo cargo de diretoria, deve conquistar essa confiança dos seus superiores.

Eu sempre dei liberdade ao meu time para buscar a melhor solução, e juntos sempre estudamos os cenários para que todos tivessem a oportunidade de levantar a mão e serem decisores naquilo que compete ao seu trabalho. Então, quando acompanhava um vendedor na visita ao cliente,

A PRESSÃO PARA ACERTAR 100% DAS VEZES ACABA GERANDO UM MEDO DESPROPORCIONAL DE ARRISCAR LANÇAR QUALQUER IDEIA "FORA DA CAIXA".

eu tomava decisões ali na frente de todos e usava aquilo como exemplo para mostrar que ele poderia ter feito ou falado o mesmo.

Muitas vezes, é mais confortável ao profissional trazer para dentro do departamento responsável e ocupar um tempo moroso dele e da equipe para chegar ao mesmo tipo de resposta. Então, foco na solução tem ligação também com senso de urgência, entendendo que o negócio é agora, a oportunidade é hoje. Resolva, e depois a gente vai ver o que precisa ser feito internamente.

Vou citar um exemplo. Organizo eventos para os grandes empresários do LIDE, e qual é o grande risco que eu preciso contornar? O palestrante faltar – porque o avião que o traria está impedido de voar em decorrência do mau tempo, por exemplo. A preparação é tensa, em especial quando se trata de palestrantes ligados ao setor público.

Quem tem "cabeça" de eventos vive com foco na solução, porque lida com muitos imprevistos e variáveis desde a preparação até o último minuto. Então, o que eu costumo fazer? Já me preparo mentalmente me perguntando "e se", e assim não sou pego de surpresa. Nunca deixei de realizar um evento por causa de um problema inesperado. Sempre encontrei boas soluções.

Certa vez, o ministro da Saúde da época havia confirmado abrir o meu evento. No meu radar, já estava uma lista de possíveis substitutos caso houvesse algum problema. Bingo! Na véspera, o ministro foi convocado para uma reunião em Brasília.

— E quem é que você vai mandar, o X ou o Y, visto que duzentas pessoas, fora a impressa local, o estarão aguardando? — eu disse ao ministro, deixando clara a importância do meu evento. Os dois representantes à altura, que eu já havia cogitado, poderiam vir.

Ele mandou o representante dele do estado de São Paulo, que pegou a estrada no dia seguinte cedinho para chegar a tempo. Na hora do evento,

Ter foco na solução

eu comuniquei sobre o imprevisto do ministro, apresentei as credenciais do seu representante e a apresentação dele foi um sucesso. A mensagem que eu precisava passar foi dada, só que pela equipe dele.

Depois, eu cuidei das consequências da minha ansiedade, mas naquele dia garanti a qualidade do evento. Convenhamos, a solução foi melhor do que cancelar tudo e criar um desgaste com os filiados.

Também promovo um evento beneficente anual, Tacada Solidária, junto dos jogadores de golfe de São José do Rio Preto (São Paulo), para arrecadar fundos a instituições do Noroeste Paulista. A apresentadora Xuxa, que me conhece desde os tempos da Bombril, era a minha convidada especial, e eu já havia comunicado essa informação ao mercado. Vinte dias antes, fui informado de que ela faltaria. Quem a poderia substituir? Já tinha uma lista de possibilidades e fui para cima. Expliquei a situação ao cantor Daniel, a seriedade extrema daquele evento, que confirmou presença no mesmo dia em que recebeu o convite.

Mudar o evento está fora de questão. A mesma coisa acontece quando você vende para uma rede de supermercados e acerta data para uma grande campanha, porém, na véspera, por um problema na fábrica, atrasa a produção. Como entregar o produto? Você vai ter de se virar – e será um ótimo teste para saber se tem funcionários "pendurados" em você ou realmente um time, que traz problema já com possíveis soluções.

QUEM TRAZ PROBLEMA É QUALQUER UM. QUEM TRAZ SOLUÇÃO QUER AJUDAR NO CRESCIMENTO DO GRUPO E DA EMPRESA.

Outro ponto a considerar é que problema nem sempre é aquele que a empresa pode causar. Há os do mercado, que seus clientes enfrentam. Nessa hora, o líder e sua equipe "chamam" a responsabilidade de resolver para si, absorvem a dor desses clientes e estudam soluções para ofertar. Portanto, existe o estímulo a enxergar problemas externos como excelentes oportunidades de mostrar aos clientes que a sua empresa sempre surpreende trazendo novas soluções.

O empresário Marcelo Facchini, diretor e herdeiro da Facchini S.A., maior empresa de carrocerias do país, é assim. Um exemplo de líder que se preocupa em resolver os problemas do cliente, produzindo carrocerias no menor tempo, que custem menos, que carreguem mais, dentro do conceito *Tailor Made for Application* (aplicações feitas sob medida).

Marcelo estimula as pessoas da sua equipe a buscarem, antes de vender um produto, entender a necessidade do cliente (por que quer comprar, qual é a expectativa e do que, hoje, ele sente falta e não é atendido) para discutirem internamente e poderem oferecer soluções diferenciadas. E, claro, também estão sempre prontas a sanar problemas com os produtos regulares da empresa com uma agilidade invejável!

EU SEMPRE DEI
LIBERDADE AO MEU
TIME PARA BUSCAR
A MELHOR SOLUÇÃO,
E JUNTOS SEMPRE
ESTUDAMOS OS
CENÁRIOS PARA QUE
TODOS TIVESSEM A
OPORTUNIDADE DE
LEVANTAR A MÃO
E SEREM DECISORES
NAQUILO QUE COMPETE
AO SEU TRABALHO.

MARCELO FACCHINI,
diretor da Facchini S.A., é líder com foco na solução

Somos uma empresa de 70 anos, fundada na cidade de Votuporanga (SP). Nós sempre procuramos resolver, em primeiro lugar, o problema do cliente, antes mesmo de resolver o nosso, pois ele é o nosso principal ativo. Nós fazemos o produto com o cliente e para o cliente.

Vêm à minha área comercial uma transportadora grande, aquela multinacional, o motorista autônomo e, principalmente, o pequeno comerciante que nunca comprou caminhão (ou nunca pensou em transportar, não sabe como funciona); e nós procuramos entender o negócio de cada um deles e o que pode ser feito. Eles ganhando, eu ganho.

Claro, nós temos produtos standard, que servem para todo tipo de demanda. Só que você ganha mercado principalmente fazendo carrocerias diferenciadas – com qualidade e segurança, que são dois fatores fundamentais. A rentabilidade vem como consequência, pois o cliente ganha com o produto, e a gente ganha com o cliente. É muito mais barato manter um cliente do que conquistar outro novo. Portanto, mantenha ele satisfeito para que ele fale bem da sua empresa, e eu tenho certeza de que isso trará um retorno muito grande.

Quero compartilhar com você aqui um exemplo. O mercado de grãos no Brasil está bastante demandado. O transporte dos silos das fazendas até o porto era feito de graneleira. Problemas: perdia-se muito produto e demorava para carregar e descarregar. Então, nós desenvolvemos uma caçamba capaz de carregar duas toneladas a mais por carga. É um produto com o qual eu consigo ganhar um pouco mais, e o meu cliente consegue ganhar muito por transportar um volume maior. É assim que a gente procura solucionar o problema.

Ter foco na solução

Se você tem um comércio, uma indústria ou um serviço, pense no que pode fazer de diferente para o seu cliente. Como pode gerar e agregar valor para ele? Com ele ganhando, você vai ganhar também. Pense nisso, porque obter a satisfação do cliente é importante para todo mundo.

Nós temos reuniões semanais, quando todos os problemas são colocados na mesa e saímos de lá propondo soluções. A gente não gosta de criar desculpas nem de deixar para depois. Temos de sair com um plano de ação para que o problema seja resolvido, incluindo o que vai ser feito, como vai ser feito e o prazo para ser feito.

Quando você deixa para depois, esse problema que é pequeno se torna gigante. A gente procura resolver sempre, com todo mundo validando a melhor solução. Não adianta você insistir em uma sendo que várias pessoas estão contra ela. Todo mundo precisa se engajar no mesmo tipo de solução.

MARCELO FACCHINI RESPONDE A CINCO PERGUNTAS SOBRE TER FOCO NA SOLUÇÃO:

1. **Como focar a solução sem ignorar o problema?**

A agilidade na solução é um fator importante, um diferencial da nossa operação. Também temos toda a parte de fábrica muito bem gerenciada, o que nos ajuda a olhar internamente para descobrir o que não deu certo. Analisamos cada passo e resolvemos a falha com os gerentes e a equipe o mais rápido possível, sempre colhendo várias opiniões. Realizamos um trabalho muito forte para que todos tenham foco na solução, sem deixar de entender a falha, a fim de melhorar a eficiência do todo.

2. **Ter menos hierarquias verticais agiliza na hora de resolver problemas?**

Com certeza. Não temos muitos cargos executivos, como em outras empresas grandes. São apenas quatro diretores, que rapidamente tomam decisões e realizam mudanças. Nas empresas em que há diversos níveis hierárquicos, uma falha precisa ser comunicada do office boy ao presidente... Não faz sentido essa demora para resolver como reagir. Ter foco na solução é importante, assim como ter foco no cliente que precisa ser amparado. Juntamos os dois focos com a maior agilidade quando surge um problema.

3. Como ocorre esse amparo ao cliente no dia a dia?

Temos um pós-venda muito atuante para solucionar qualquer problema inesperado. Atuamos em um setor muito exigido no Brasil, que é o de transporte. Entretanto, temos estradas ruins, estruturas precárias; e muitas vezes o cliente usa nosso produto da maneira errada (com excesso de peso, por exemplo). Sendo bastante criteriosos, procuramos propor a melhor solução e orientar sobre o que é correto e/ou adequado.

4. *Você alcança essa agilidade calibrando bem a autonomia e a segurança para a equipe agir. Qual é o seu segredo?*

Formamos a maioria dos nossos gestores em casa. São pessoas de conhecimento técnico elevado e que recebem treinamento constante sobre gestão. Por trabalharem conosco há muitos anos, conhecem as pessoas e a empresa. Muitas vezes, não precisam buscar a diretoria para resolver um problema. Digo que são autogestores. Noventa por cento dos meus gerentes começaram na empresa. Soldando, montando, fazendo a segurança... Demos oportunidade para crescerem. Então, são pessoas comprometidas com o negócio e com a resolução de problemas. Eu não preciso dar o caminho porque isso eles já sabem. Eu dou só o norte.

Ter foco na solução

5. Como engajar as pessoas para encontrarem soluções cada vez melhores?

Nós temos um sistema de melhoria contínua que pontua todos os problemas que temos, assim como as dificuldades e os desfechos para o cliente e a empresa. É uma maneira de melhorar a própria eficiência da produção. Temos várias fábricas, e aquilo que uma faz e pode servir positivamente na outra é compartilhado. Elas realizam processos diferentes, mas muitas vezes os problemas são parecidos. De seis em seis meses, fazemos uma premiação aos funcionários que mais trouxeram ideias e ganhos para o time. Então, procuramos resolver, compartilhar, premiar, treinar. Tudo isso faz parte dessa jornada de crescimento.

CAPÍTULO 12 /

SER RENOVADOR

Este líder busca oportunidades de assumir atividades e negócios diferentes para minimizar a dependência de apenas um. Quer sempre ter nas mãos possibilidades de ampliar, alavancar e reinventar o que já tem e faz. É visionário e estimula seu time a sonhar grande junto dele, ultrapassando limites e não enxergando monotonia no dia a dia profissional. Afinal, sonhar grande ou sonhar pequeno dá o mesmo trabalho. Então... por que não insistir no sonho grande?

Estou falando de pessoas que estão o tempo todo realizando negociações diferentes das suas habituais, sendo talvez o perfil que mais pensa na amplitude de suas fontes de renda, sempre pondo a mão na massa e fazendo a economia girar. Com faro invejável para maximizar o que já possui, é um observador sagaz dos movimentos do mercado em uma abrangência 360 graus.

Este líder trabalha fortemente em determinado processo ou nicho de mercado, mas sempre que possível vai expandindo sua atuação para dominar outros segmentos dessa cadeia. Ocupa espaços que outros não estão vendo.

Quem é líder renovador não admite estar, em nenhum momento, na zona de conforto. Por não ter medo de se arriscar para dar saltos mais significativos, desafiando-se a ir mais longe e mais rápido, adota sempre a prática de colocar a cabeça na guilhotina.

Um dos meus *cases* de vendas exemplifica bem essa atitude. Foi na General Mills, quando trabalhei a marca Forno de Minas para torná-la referência de pão de queijo em todo o território nacional. Para isso, ampliamos o número de clientes do setor de *food service,* como restaurantes, lanchonetes, padarias, lojas de conveniência, e seu volume de pedidos.

Também precisávamos garantir o padrão de qualidade do produto previsto na missão da empresa. Para estar realmente gostoso (crocante por fora e macio por dentro), o pão de queijo precisava ir do forno à estufa e ser mantido ali na temperatura adequada. Nossa equipe levou essa preocupação para dentro de casa, e transformamos em oportunidade de novos negócios.

Jamais se pagaria dar uma estufa e um forno para o cliente se no dia a dia ele utilizasse esses equipamentos para outros produtos de outras empresas. Então, por que não ser o único fornecedor de salgados em geral desse cliente? Foi essa a estratégia. Minha ideia vingou. Todo esse movimento de amplitude culminou em:

> Alteração do objetivo da empresa, que passou a ser dominar 100% das estufas;

> Lançamento de mais de setenta itens, entre coxinhas, empadas, tortinhas etc;

> Reconhecimento das minhas atitudes com o Innovation Champions Award, prêmio mundial da General Mills, por liderar essa reinvenção.

MAXIMIZANDO SEUS RESULTADOS

O que eu posso trazer que represente uma nova oportunidade, que saia da minha rotina, da zona de conforto e que possa acrescentar ao negócio que já existe?

O profissional que está sempre pensando assim, questionando o *statu quo*, é alguém que confia muito na própria liderança. Afinal, precisa de uma equipe que o acompanhe, pense e aja na mesma velocidade para pôr em prática todas as possibilidades de renovação levantadas.

A LIDERANÇA PODE MAXIMIZAR OS RESULTADOS, SER A VOZ DA RENOVAÇÃO, MAS PRECISA TRAZER O TIME PARA REMAR JUNTO NESSA DINÂMICA, SER OS BRAÇOS NAS AÇÕES.

Essas novas possibilidades podem "conversar" ou não com o negócio atual, ter natureza parecida ou não, atender ao mesmo público ou não. O que importa é que serão amarradas umas às outras pela habilidade e atitude renovadora desse líder. Formam um elo, que é ainda mais valorizado nos períodos de crise econômica – porque, graças a essa amplitude de negócios, aquele que é mais favorecido acaba ajudando no todo.

Foi o que fez o Júlio César, da Mar & Rio Pescados. Praticamente 90% do negócio dele era atender restaurantes e lanchonetes com todos os seus produtos. Até que começou a dar os primeiros passos, no início de 2020, na direção dos supermercados com a marca Mar & Rio. Pois essa nova frente de vendas ganhou enorme relevância quando veio a pandemia do coronavírus, que derrubou, do dia para a noite, o faturamento do Júlio em 60%.

Todos se lembram que, em março de 2020, houve o fechamento abrupto de restaurantes para atendimento presencial – e mesmo depois, voltaram a servir com horários restritos de funcionamento. Como Júlio tinha estoque de produtos, ao contrário da concorrência, continuou vendendo (com preço mais alto por conta da demanda) aos estabelecimentos que aderiram ao delivery, e também estava preparado para a reabertura.

Em paralelo, essa crise de saúde acabou potencializando a relação da Mar & Rio com pontos de venda alternativos, e Júlio abriu um leque gigante, atendendo até no varejo. E, assim, não ficou dependente somente dos restaurantes e lanchonetes. Sentiu na pele quanto nós e o mercado somos vulneráveis – mesmo para um negócio sólido, com faturamento na casa de milhões.

Temos de trabalhar sem nunca deixar de pensar em como podemos maximizar os nossos esforços, produtos, ofertas, negócios – e essa atitude cabe muito bem estando em atividades ligadas ao comércio ou não. Digo isso porque, muitas vezes, esse setor oferece mais facilidade de viver experiências renovadoras.

Naquele exemplo sobre a Forno de Minas, vendíamos pão de queijo para os supermercados, mas também para lanchonetes e padarias. Até que, por uma demanda da minha equipe, passamos a vender outros produtos para preencher as estufas e os fornos, tão necessários para preparar o melhor pão de queijo. Fomos formando uma cadeia de oportunidades inspirados no conceito de *one stop shop,* o que quer dizer que nos tornarmos um fornecedor único de muitos produtos para aquele cliente que já atendíamos.

Então, a grande sacada é olhar a amplitude de possibilidades e criar um mix de negócios para não ficar dependendo só de um. Mesmo que você não esteja no ramo do comércio, eu garanto que dá para ter essa atitude renovadora, estimular seu time a pensar grande e trazer para dentro de casa as oportunidades que visualizarem nos vários nichos de mercado – porque elas existem.

TEMOS DE
TRABALHAR SEM
NUNCA DEIXAR DE
PENSAR EM COMO
PODEMOS MAXIMIZAR
OS NOSSOS ESFORÇOS,
PRODUTOS, OFERTAS,
NEGÓCIOS – E ESSA
ATITUDE CABE MUITO
BEM ESTANDO EM
ATIVIDADES LIGADAS
AO COMÉRCIO
OU NÃO.

PULVERIZAR É MELHOR

Conheço líderes que querem selecionar demais seus parceiros de negócios (por exemplo, grandes varejistas), negociando somente com eles. Mas arriscam perder competitividade caso ocorra algum imprevisto no mercado que afete esses parceiros. Muito melhor é pulverizar suas transações para ter alternativas que facilitem atravessar os momentos de turbulência.

Vale buscar tanto algo para turbinar, alavancar o seu negócio atual, quanto projetos bem diferentes dele, mas que aproveitam o seu *know-how*. Como eu disse, o objetivo principal de ter essa visão 360 graus é mesmo não depender de um só negócio, pela vulnerabilidade que existe hoje no mercado e por todos os problemas que nenhuma empresa está livre de enfrentar da noite para o dia. Várias crises vêm mostrando isso.

Verdade que, na tentativa de fazer a pulverização de negócios, muita gente acaba se perdendo. Por isso, recomendo observar alguns pontos.

PRIMEIRO PONTO: QUAL É O SEU *KNOW-HOW*? Você pode utilizar aquilo que domina, conhece bem, para fazer as ampliações, mesmo que se envolva em projetos ou negócios que não tenham relação direta com o que está fazendo agora, que não estejam 100% "casados" com o seu negócio principal. É como eu já citei sobre o Camarote DaGaroa, do qual sou sócio. Conheço tudo de evento. Por que não aproveitar um espaço num local almejado para potencializar relações para outros negócios?

É mais um braço que me ajuda no desenvolvimento de parcerias sólidas fora do meu contexto habitual, da minha rotina, que são eventos para líderes empresariais do Noroeste Paulista. O camarote me abre oportunidades em representações e consultorias para as empresas que querem expandir seus negócios nos principais varejistas do estado de São Paulo.

Ser renovador

SEGUNDO PONTO: QUAL É O SETOR EM QUE VOCÊ ATUA, A SUA BASE DE NEGÓCIO, E EM QUAL PODE ENTRAR AGORA? Às vezes, entrar em um novo setor traz frescor e mais saúde ao negócio principal, ampliando-o. Como mostra o exemplo do Júlio, que tem *know-how* em atender restaurantes, mas decidiu abrir nova frente dentro do varejo entrando em um setor diferente, o de supermercados.

Quando ingressei na Bombril, não vendíamos diretamente para estabelecimentos do segmento *food service*. O pensamento da maioria era este: *Qual é o interesse de restaurantes, lanchonetes e afins em comprar de um fabricante de produtos de limpeza?* Por utilizarem em pouca quantidade, adquiriam em algum atacado de *autosserviço*.

Meu questionamento: "Mas por que não podemos entrar nesse mercado e atrair uma clientela diferente adequando nossos produtos a essa demanda nova?". Isso é começar a maximizar a oferta, entrando em uma nova seara para dar ao negócio atual uma capilaridade maior – atuando em novos nichos, novos mercados, potencializando a visibilidade e relevância também.

ESTE É UM CAMINHO DE RENOVAÇÃO QUE APROXIMA O LÍDER DE UMA JORNADA DE SUCESSOS: POTENCIALIZAR O SEU KNOW-HOW OU CAVAR OPORTUNIDADES DE EXPANSÃO DENTRO DO SEU NEGÓCIO PRINCIPAL.

É preciso ter ciência de que o seu sucesso não é medido apenas por ter vários negócios diferentes. Mas que fica mais fácil, fica. Por mais que você não conheça aquilo que vislumbrou como oportunidade, pode ir em frente contratando gente que conheça. E tem mais: não necessariamente precisa fazer aquisições de outras empresas. Dá para renovar promovendo ampliações na atuação do seu negócio.

A essa altura, você pode querer me perguntar por que não chamo de líder inovador, e sim renovador. Por considerar que o líder renovador está pensando no crescimento, na expansão, numa atuação mais ampla, mas não necessariamente estará inventando algo novo, mais revolucionário/ transformador, que ninguém fez antes talvez, algo "fora da caixa". Seu foco é muito mais acelerar o crescimento sem depender somente daquilo que está fazendo hoje.

Maximizar recursos que você já tem é uma ótima maneira de renovar. Recursos podem ser o seu *know-how* (em logística, por exemplo) e a sua estrutura física (aproveitando os caminhões que transportam um tipo de produto para trazer outros em vez de voltarem vazios). Ademais, seu time é outro recurso importantíssimo.

Enquanto atuei na Bombril, estive sempre atento a abrir caminhos de crescimento. Por exemplo, soube que empresas grandes evitaram produzir as marcas próprias dos supermercadistas. O motivo principal: concorreriam diretamente com as marcas delas. Então, o supermercadista que quisesse fazer seu detergente líquido tinha dificuldade de encontrar uma indústria fornecedora, sendo atendido, normalmente, pelas nacionais menores.

Nós fizemos, e nunca achei que estaríamos potencializando a concorrência. Na verdade, eu enxergava muito mais como uma defesa da minha marca principal. Era melhor perder parte do meu ganho na gôndola para aquela marca que me trazia lucro de outra forma do que para alguma das grandes concorrentes que não me davam nenhum dinheiro.

Isso tem a ver com a estratégia que detalhei no meu livro *Vendedor falcão* chamada Vacinação, em que se busca ganhar de um jeito ou de outro e ainda ampliar a sua atuação no mercado. Só para dar uma ideia, a marca própria de detergente líquido que nós produzimos para o Grupo Pão de Açúcar chegou a representar 12% do faturamento do segmento. Foi praticamente incremental.

Ser renovador

Ter essa atitude renovadora só fortalece a minha liderança. E é o que eu espero que você faça, maximizando o uso da sua estrutura atual e criando formas de aumentar seus resultados. Podem ser pequenos *business* que se entrelaçam, ajudando a diminuir a dependência de um negócio só, e mesmo podendo ser administrados separadamente, acabam compondo um "bolo" vantajoso e uma receita total crescente.

Considero Marcelo Borgonovi, dono do Grupo Maxifarma, um grande exemplo dessa atitude por estar o tempo inteiro buscando alternativas de renovação.

Quando tive o primeiro contato com o Marcelo, eu pensei: *Quero ele no LIDE comigo*. Porque ele é um cara que não tem medo. E estimula o time a ir pelo mesmo caminho quando diz: "Podemos fazer a diferença e trazer para dentro de casa", "Como podemos ampliar a nossa atuação?" etc.

Ele ergueu uma das maiores distribuidoras de medicamentos do estado de São Paulo. Depois, criou com outros sócios uma empresa de prontuário eletrônico de saúde, que está organizando todo esse processo junto às prefeituras. Também fez parceria com Rodrigo Albuquerque, CEO da Petland Brasil, uma das principais redes de lojas pet do país, para ser seu distribuidor de produtos.

Marcelo, que já tem uma cadeia de distribuição para abastecer as farmácias, passou a usar esse *know-how* para maximizar a estrutura dela e lucrar também com o universo pet. Foi além, virando sócio e comprando parte de uma empresa de alimentos para peixes e, assim, passou a distribuí-los aos comerciantes desse segmento. Preciso dizer mais?

Ele, que está o tempo inteiro buscando alternativas, detalhou com entusiasmo suas renovações no depoimento a seguir.

MARCELO BORGONOVI,
dono do Grupo Maxifarma, é líder renovador

A Maxifarma foi fundada no ano 2000 como uma pequena distribuidora. Hoje, somos um grupo formado por algumas empresas. Empregamos 250 colaboradores e dispomos uma diversidade de negócios. Possuímos duas companhias de tecnologia; investimos, também, na área industrial, na produção de alimentos para pets; e, ainda, na área de mobiliário.

Meus colaboradores brincam que não há monotonia trabalhando do meu lado. E acho que isso acaba sendo um grande diferencial para o sucesso. As pessoas são movidas a desafios, e eu dou vários a quem está perto.

No ano de 2006, começamos alguns investimentos diferentes em nossa distribuição de medicamentos. Nosso grupo adquiriu um robô alemão chamado Rowa. Também inovamos na área de separação de produtos, usando o método picking by light, que funciona com leitura a LED. Isso representou um barateamento importante em nossa operação, trazendo um grande diferencial comercial para nossa empresa.

Eu sempre sonhei grande, sempre procurei sair da minha zona de conforto. Acredito que pensar lá na frente é o que faço de melhor, vislumbrando o resultado pronto e o caminho que meus colaboradores e eu vamos traçar juntos. E isso nos renova.

Tenho uma equipe maravilhosa de colaboradores ao meu lado, que foi construída durante os últimos vinte anos por meio de muito treinamento, coach, cursos e estudos. Isso faz o nosso grupo ter esse diferencial – de colaboradores que aceitam os desafios e se divertem com eles.

Ser renovador

A pandemia pela qual passamos demonstrou que estamos no caminho certo. Alguns mercados ficaram piores, mas outros ficaram melhores. Tudo que construímos trouxe tranquilidade para tocarmos as empresas de nosso grupo com mais certeza ainda de que a busca por inovação é sempre uma boa escolha.

MARCELO BORGONOVI RESPONDE A CINCO PERGUNTAS SOBRE SER RENOVADOR:

1. Qual é o segredo para pensar à frente em termos de estratégia e planejamento em um cenário de mudanças constantes?

Sempre procurei conversar com o maior número possível de pessoas de diferentes seguimentos de ouvidos bem abertos para assimilar todas as informações. Isso só é possível para pessoas abertas.

Costumo observar grandes empresários que, com o passar dos anos, deixam de escutar seus subordinados e pessoas ao redor, o que considero um equívoco. Com todo esse "banco de informações" assimilado, fico antenado ao que está acontecendo nos mercados em que atuo. Olho sempre para o futuro e nunca temo arriscar.

As estratégias e o planejamento vão se moldando conforme surgem os desafios. Temos o hábito de reunir os líderes semanalmente, quando discutimos e realinhamos os planos e as estratégias. Levo comigo uma frase bacana: "O fracassado reclama do vento, o bem-sucedido ajusta as velas". Então, vamos ajustando sempre as velas durante o caminho, ou seja, sempre nos adaptando à situação. Porque a arrogância te engana com falsa inteligência!

2. Como fazer para que os colaboradores enxerguem as transformações de uma maneira positiva?

Sempre conversando com eles e deixando muito claros os planos, fazendo-os enxergar como um grande desafio e com as vitórias sendo de todos. Isso traz uma motivação grande, especialmente quando dividimos os louros das vitórias e o amargo das derrotas. Também fazemos contratos de resultados definidos e discutidos com os líderes para que fique evidente o fato de que, quando a empresa ganha, todos ganham igualmente. Portanto, são três maneiras básicas: deixar claros os números e resultados para todos; estimular o orgulho de começar algo novo; partilhar os ótimos resultados (inclusive financeiros, o que é muito importante).

3. **Quais são as boas fontes de inspiração para um líder que se propõe a renovar?**

Não diria inspiração, e sim o principal atributo que um líder renovador deve ter: jamais temer o fracasso. Muitos irão julgá-lo pelas falhas e poucos o parabenizarão pelas conquistas. Em minha vida, falhei muito, perdi muito dinheiro em coisas que eu acreditava, mas nunca liguei para o julgamento das pessoas, principalmente dos familiares. Gosto desta reflexão: o erro é a instrução dos bem-sucedidos e a desculpa dos fracassados. Siga seus instintos!

4. **Quais são as ferramentas que você utiliza em seu dia a dia para se manter bem-informado sobre o mercado e recomenda a quem deseja ampliar a visão de mercado?**

Gosto muito de falar com pessoas e de ler. Ao chegar na empresa, tenho o hábito de ler durante 30/40 minutos com a cabeça limpa, sem estar cansado. Isso me ajuda muito a assimilar os conteúdos. Depois, procuro ler o noticiário do mundo e do Brasil. Em seguida, sempre ligo para alguém para poder trocar ideias. Essa é a minha rotina diária. Então, a fórmula básica são livros e pessoas.

Ser renovador

179

5. **Qual é o legado que um líder renovador deve deixar?**

Nunca comecei nenhum dos meus negócios pensando em dinheiro. Ele é somente o meio para conseguir algo. Começo sempre pelo desafio de saber que sou capaz de conseguir fazer algo novo, que nunca tinha feito antes. Eu paro e penso: Se aquele cara faz, por que eu não posso fazer também? Quando quero algo, luto, estudo, me dedico, entro de cabeça na ideia. Passo noites em claro estudando e me planejando. Creio que o maior legado que vou deixar é não ter medo do erro. Se você quer algo, lute com todas as suas forças, coloque amor, paixão! Mas sem nunca deixar de acreditar em Deus. A minha frase para esta resposta: "Quem ama a preguiça desama a fortuna".

CAPÍTULO 13 /

TER FOME DE PRODUTIVIDADE

ste líder faz gestão com base em indicadores, pois acredita na máxima bem defendida pelo professor e expert em gestão Vicente Falconi: quem não mede, não gerencia; quem não gerencia, não melhora. É uma filosofia de trabalho para alcançar eficiência e garantir o atingimento das metas. Desenvolver essa atitude faz com que você não desfoque aquilo que tem de cumprir e realmente é necessário para fazer a empresa subir de patamar, ganhar mais relevância.

Liderar exige ter métricas claras de avaliação de desempenho, de performance, de resultado, para que se possa tomar decisões melhores. Agir sobre chão firme, base sólida. Como números e dados são recursos objetivos, não dão margem a interpretações divergentes nem informações vagas. E esse líder olha para a produtividade nos detalhes por meio dessa leitura que mede **como** está ocorrendo determinada atividade e **qual** resultado precisa dar. E resultado é assim: ou se faz ou não se faz. Não tem meio-termo.

Para mim, há dois tipos de indicadores fundamentais: os de produtividade e os de gestão. Qual é a principal diferença?

> **Os de produtividade** abrangem tudo aquilo que traz resultado imediato à empresa, o chamado *bottom line*, termo emprestado da área de contabilidade para representar o lucro operacional no curto prazo. Na área comercial, por exemplo, um indicador comum é o de positivação de clientes, que analisa o retorno mensal que cada cliente dá à empresa e o número de vendas concretizadas pelo vendedor a todos de sua carteira.

> **Os indicadores de gestão** não costumam afetar diretamente o resultado financeiro no curto prazo, mas precisam ser feitos. Eles medem as ações, interações e atividades necessárias ao avanço da empresa, ao seu crescimento, embora sejam mais difíceis de serem medidos claramente. Por exemplo: "Para melhorar a percepção de imagem da empresa, vamos patrocinar o Camarote DaGaroa no Carnaval" ou "Precisamos contratar a Totvs para sistematizar processos de determinadas áreas".

A implantação de um sistema de software (para imputar notas fiscais, por exemplo) é um indicador de gestão. Não trará resultados financeiros de imediato, mas é importante para mudanças que reduzem tempo e custos, minimizam erros, dão agilidade aos processos, liberam funcionários para novas funções e tudo mais que influencia positivamente a produtividade, agrega valor e aumenta os ganhos financeiros mais na frente.

Por exemplo, implantar um programa de *Business Intelligence* (BI) na empresa é como abrir a caixa preta do avião. Na Matilat, por exemplo, implantamos um BI no primeiro ano da minha consultoria e passamos a saber a cada manhã como havia sido o volume de vendas no dia anterior por vendedor, por canal, por produto. Com isso, a tomada de decisões (de posicionamento de preços, entre outras) foi tremendamente agilizada, profissionalizando cada vez mais tudo que envolve o processo de vendas.

Ter fome de produtividade

Outra mudança estratégica que fizemos na empresa com indicativo de gestão: os setenta representantes que atuam na área comercial precisavam passar e-mails solicitando desconto a alguém internamente, que fazia a alteração manual nos preços para *aquele* cliente; e só depois era possível cadastrar o pedido para faturar. Um trabalho insano. Implantamos um sistema a partir do qual o supervisor e o gerente já aprovam o desconto on-line, e quem imputa o preço acertado é o próprio representante – sem que desperdice seu tempo para vender com burocracias.

De modo geral, falta uma cultura forte de controle de indicadores. Muitas empresas, sobretudo pequenas e médias, simplesmente não medem a produtividade e a gestão por departamento. A maioria não tem reuniões estruturadas para esse acompanhamento. Vive em função do pensamento: *Eu estou bem, estou lucrando, vamos em frente*, como se deixasse para o vento levar o barco. Como na música do Zeca Pagodinho:[24] "Deixa a vida me levar, vida leva eu...".

Sinto muito, mas isso traz um grande risco de o samba desafinar, de o barco virar ou ir para a direção não desejada, de o sinal passar de verde para amarelo. E aí você vai perguntar: "Por quê?". Porque não está sendo medido aquilo que pode fazer diferença:

> **No crescimento da sua empresa;**
> **No resultado imediato;**
> **Na gestão de processos, inovações, pessoas.**

A propósito, precisamos ter a preocupação de medir ações ligadas a inovações – mesmo que o retorno venha no longo prazo. Na Sorvetes Bambi, determinamos ter lançamentos de inverno, e não só de verão, para garantir faturamento em ambos os períodos. "Sorvete nos dias frios?"

---

24 DEIXA a vida me levar. Zeca Pagodinho. *In:* Deixa a vida me levar. Rio de Janeiro: Universal Music, 2002.

Sim, como opção de sobremesa, pois sabemos que o consumidor faz essa relação.

De acordo com plano original, o lançamento tem de ocorrer no primeiro dia de maio. Atrás dessa data, existe uma cadeia grande, mas o papel da liderança é enfatizar – "Não pode atrasar" – e monitorar os desafios específicos de cada departamento envolvido nesse cumprimento. Por exemplo, o time de desenvolvimento de produto precisa ter o *timing* certo para concluir sua parte a fim de não comprometer a data de lançamento.

Enquanto o seu indicador é a data, e também pode ter outro medindo a qualidade dessa inovação, o da equipe comercial é conseguir cadastrar o máximo de clientes e atingir o volume de vendas. Qual é esse volume? Está no plano, além de quanto esse produto precisa representar, em porcentagem, dentro do faturamento do período (em geral buscamos inovação que represente ao menos de 3% a 5%).

CASAR-SE COM UM OBJETIVO MAIOR

Todas as empresas precisam, dentro do seu plano anual, conseguir definir, para cada área ou departamento, quais são esses indicadores com reflexo direto no número total – e também que "casam" muito bem com o objetivo maior da companhia. Ainda sobre o exemplo da Sorvetes Bambi: para ser a principal empresa de sorvetes do Noroeste Paulista, objetivamos crescer 20% ao ano. Para isso, quais são as ações no âmbito macro? Uma delas é justamente a inovação que gera faturamento no inverno e no verão.

Assim, quais são os departamentos ligados a essa ação e que precisam ter indicadores? O primeiro é o desenvolvimento de produto, que tem de inovar dentro do prazo de lançamento. Há ainda o comercial, que precisa atingir o volume de vendas planejado; e o setor de compras, para trazer os insumos necessários a tempo.

Ter fome de produtividade

Inovação também pode ser um novo formato de atendimento (por exemplo, antes só vendia para restaurantes, e agora sua clientela abrange supermercados). Para isso, é preciso ter produtos diferentes (e a área de desenvolvimento de produtos terá indicador para isso) e cadastro de novos clientes (e o comercial terá indicador para isso). O mais importante é que esse movimento esteja casado com a estratégia maior da empresa, que nesse caso é expandir no varejo além do *food service*.

COM ESSES INDICADORES CONHECIDOS E APLICADOS, OCORRERÁ UM EFEITO MARAVILHOSO, QUE É O ENVOLVIMENTO DA EMPRESA, DE MANEIRA UNIFORME, COM ESSA ENTREGA DO OBJETIVO FINAL.

Concordo que os departamentos têm uma série de outras atividades além dessa, e não é o caso de medir todas. E quais são os indicadores importantes para quem tem fome de produtividade? Aqueles ligados ao objetivo maior, por isso exigem acompanhamento constante para minimizar qualquer risco de não atingimento dos resultados. Pena que as empresas se perdem muito nisso!

Elas precisam ter um objetivo: se, por exemplo, esse objetivo é crescer 20% se posicionando como a melhor do segmento no seu estado, elas deverão canalizar sua fome de produtividade para isso. Para dar consistência a esse objetivo e conseguir que seja atingido, abaixo dele devem montar um plano com as estratégias e as ações correlatas. Isso vai gerar indicadores – que não devem ultrapassar quatro ou cinco compromissos por área.

E que fiquem claros para todo mundo quais são os indicadores, pois o líder não vai conseguir entrar no dia a dia dos times para olhar de perto o que cada um está fazendo. E quanto mais a empresa crescer, mais distante ficar esse contato, o que exige fazer gestão apoiando-se nessa mensuração. A descentralização é necessária. Senão, você não cresce nem distribui o trabalho de modo que as pessoas também se desenvolvam.

Ou seja, esse é um processo extremamente importante à medida que aumenta a capilaridade da sua empresa. Para as que atendem várias regiões, como acompanhar a produtividade das equipes? Se estão entregando o resultado, ótimo! Significa que a coisa está acontecendo, a roda está girando, o bom trabalho está sendo feito.

Nas consultorias que eu faço, depois de construirmos o planejamento estratégico, o passo seguinte é conectá-lo com a realidade de contribuição de cada área, escolhendo quais indicadores vamos acompanhar.

Um equívoco comum é quando empresas estabelecem objetivos para os departamentos sem atentar para que alguns, pelo menos, estejam ligados com o objetivo maior da companhia. Daí, as equipes se esforçam para elevar a produtividade, mas nem sempre aquilo é importante para o crescimento do negócio. Cada objetivo deve estar alinhado ao crescimento da empresa e à estratégia de trabalhar o objetivo macro com o auxílio de indicadores que mensurem se há evolução.

De novo, usar indicadores é uma maneira objetiva de saber o reflexo de cada departamento no resultado da companhia. Isso é o que eu mais coloco nas minhas consultorias por ser fundamental implantar esse profissionalismo. Você se lembra quando contei, no capítulo 5, sobre a atitude amar desafios, que profissionais do comercial reagiram no grupo do WhatsApp à estratégia de cobrança de resultados que montei? Por que isso?

Não adianta o departamento só ter indicadores. O líder deve promover um comprometimento geral. Também não adianta ter indicadores e não fazer desse acompanhamento um hábito. Deve ser mensal, com o envolvimento da alta diretoria, para avaliar com os gerentes se está acontecendo ou não e conduzir a rota da melhor forma.

LIDERAR EXIGE TER
MÉTRICAS CLARAS
DE AVALIAÇÃO
DE DESEMPENHO,
DE PERFORMANCE,
DE RESULTADO, PARA
QUE SE POSSA TOMAR
DECISÕES MELHORES.
AGIR SOBRE CHÃO
FIRME, BASE SÓLIDA.

A PARTICIPAÇÃO DE CADA FUNCIONÁRIO

Esclareço que neste capítulo não estou falando de indicadores de desempenho, que, na minha visão, estão mais ligados às atitudes, competências e habilidades das pessoas. Isso tem de ser trabalhado em paralelo, pois esse desenvolvimento tem valor no todo.

Porém, os indicadores de produtividade e gestão vão interferir na avaliação de desempenho anual de cada profissional – especialmente nos bônus, que são distribuídos de cima para baixo por levarem em conta não só a avaliação de desenvolvimento individual, mas também os resultados da empresa (geralmente 70%).

Em outras palavras, essa entrega medida pelos indicadores visa atingir o propósito maior, que é o resultado da empresa, mas também mostrar quanto de participação teve cada funcionário. E isso vai influenciar em bônus, premiações e outras gratificações. Ou seja, indicadores servem como cenouras colocadas lá na frente, motivações concretas a se reverterem em recompensas dadas pela empresa pelo critério da meritocracia.

Hoje eu acho que, em decorrência do modelo híbrido de trabalho que vem sendo adotado por várias empresas, com maior adesão ao *home office*, fazer gestão por indicadores tornou-se mais do que necessário. Está claríssimo que, para medir, você não precisa estar do lado dos funcionários, vendo o tempo inteiro o que sua equipe remota faz. Não importa onde cada um esteja, o líder continua acompanhando os processos que impactam no resultado (que tem de vir!).

Cada vez mais esse acompanhamento vem sendo feito e facilitado pelo avanço da tecnologia. Muitos indicadores são acompanhados em tempo real no próprio aplicativo de gestão que as empresas têm. É preciso olhar com disposição para colocar ações corretivas o mais rápido possível ou parabenizar os cumprimentos. Também para ver se a empresa está crescendo no ritmo planejado.

Ter fome de produtividade

Então, alerto para a necessidade de entender em qual *timing* você está e com qual rapidez deve fazer o acompanhamento. Os indicadores não são apenas para você saber se uma área chegou ou não ao resultado, mas também para desenhar novas rotas a fim de recuperar o que ela não conseguiu fazer.

Esse líder com fome de produtividade tem uma linguagem clara com o time. É uma empresa que não esconde o jogo na apresentação dos resultados. Fala abertamente para gerar envolvimento e crescimento contínuo. Porque, quando o time entende os indicadores e como eles impactam no todo, envolve-se muito mais, engaja-se muito mais.

Portanto, é saudável comunicar essa produtividade. E quem precisa puxar essa reunião mensal de produtividade é o líder maior, o diretor--executivo ou presidente, sendo que muitos delegam ao responsável pelo financeiro. Esses acham que não faz parte do seu escopo, mas faz.

É por isso que eu falo em indicadores de gestão e de produtividade. Não é só a entrega financeira que importa. Trata-se de um plano amplo, que inclui o engajamento das pessoas e muitos projetos que fazem dife-rença no resultado final. E que são importantes para a empresa dar vários passos qualitativos, subir de patamar.

Por exemplo, as empresas têm de se preocupar com as questões ambientais? Sim. Qual é o objetivo? Precisa ser claro, bem projetado, e algo que possa ser medido e acompanhado para que todos saibam se está sendo atingido e como.

ENTÃO, ESSE OBJETIVO TEM DE SER NUMÉRICO? SIM, MAS TAMBÉM QUALITATIVO.

Durante minha gestão na Bombril, tínhamos o propósito de estar entre as três principais empresas de produtos de limpeza do país. Para isso, traçamos o objetivo de crescer 20% com base no pilar de inovação. Quantas medições você enxerga aqui? Quantos projetos por área podem ser acompanhados pela empresa via indicadores para garantir o resultado final?

A verdade é que o leque se abre quando você fala de ter inovação dentro do seu objetivo, pois pode envolver vários departamentos e ações nesse processo (do desenvolvimento de fornecedores às formulações de produtos, passando talvez pela compra de maquinário), sabendo que tudo precisa ser bem planejado. Na área de controladoria, por exemplo, basta que aceite produtos e estudos que tragam determinada margem de lucro.

Percebe quantos desafios pode colocar para diferentes áreas entregarem, casados com o objetivo maior? Dessa forma, você coloca todo mundo trabalhando na mesma direção, alinhado à sua fome de produtividade! Importante sempre reforçar ao time que indicadores de produtividade medem tudo que pode aumentar ou reduzir diretamente o lucro operacional.

Qual é a sua forma de enxergar as iniciativas? Se no seu objetivo maior um dos pilares for a redução de gasto com energia elétrica dentro de um programa socioambiental, pode querer aferir o nível de produtividade, já que reduz esse custo na veia. Entretanto, pode ser que você enxergue essa redução como peça da estratégia de erguer a imagem da empresa como sustentável. Nesse caso, deve direcionar para gestão.

> **PARA CADA DEPARTAMENTO, O IDEAL É QUE EXISTA UM MISTO DE INDICADORES QUE MEÇAM GESTÃO E PRODUTIVIDADE.**

Ter fome de produtividade

COMPROMISSO COM O RESULTADO

Eu sempre digo que cada colaborador deve ter consciência de que não é só fazer o resultado dele, não é só bater a meta dele. Tem de colaborar para que outros que estão no mesmo barco cheguem lá também.

Em qualquer equipe comercial, que precisa fazer o fechamento de mês, o resultado mensal, os últimos dias costumam ser os mais intensos quando trabalham com indicadores. Há o engajamento geral da companhia para fazer aquele resultado. Não existe a situação: "Ah, o cliente não mandou o pedido a tempo do fechamento de maio? Fica para o de junho, então".

Fechamento é fechamento. Compromisso inadiável. Por exemplo, nos dias de fechamento de mês na Matilat, a área financeira fica à disposição da comercial, assim como a área de logística. Ter a área de TI a postos também é fundamental, pois os vendedores talvez precisem desse suporte técnico para faturar pedidos até o último minuto daquela data.

Parece a máxima do futebol: "O jogo só acaba quando termina", e precisa ter o gol da vitória, que é bater a meta.

Essa meta faz com que a equipe comercial tenha, no último dia do mês, o pensamento: *Tenho o dia de hoje para trazer o que eu não consegui ainda. O prazo se esgota à meia-noite e vou achar clientes para comprar o meu produto!*

É sabido que, quando as pessoas entendem o seu papel no impacto maior da empresa, o engajamento aumenta. Os compromissos são honrados e as metas são alcançadas, garantindo competitividade no mercado. Entretanto, é preciso ter paciência, junto da persistência, para criar essa cultura, pois se trata de uma mudança de *mindset*.

É importante frisar que indicadores só têm valia com uma equipe comercial internamente preparada para responder à altura. Do contrário, quando não há orientação, treinamento, eles geram desconforto e dão espaço para a queixa clássica: "A equipe deixa sempre para a última hora", quando a ideia é que venda ao máximo *até* a ultima hora.

Isso porque não estão conseguindo entender a importância desse último dia para se alcançar e até superar o resultado! De fato, muitos clientes deixam para negociar sua cota mensal de compra no último dia de fechamento de pedidos. E se o seu vendedor não estiver atento a isso, vai "comer poeira" diante dos concorrentes.

Eu trabalhei essa mudança de cultura a respeito do fechamento dentro da Matilat, e hoje falo com orgulho que a empresa mudou de patamar, como planejado! Juntando essa a outras ações bem-sucedidas, no ano de 2020 atingimos satisfatoriamente o resultado em dez dos doze meses do ano.

Quando você tem indicadores, cria o modelo de gestão da sua empresa, começa a aplicar na sede, na matriz. Aí, se tiver outros escritórios (que são miniempresas espalhadas por outras localidades), poderá replicar o modelo e fazer comparativos. E o líder mais habilidoso que eu conheço nessa atitude é o empresário Oly Ramos, fundador da Ramos & Silva, a maior empresa de crédito consignado do país! Ele tem mais de 180 escritórios espalhados pelo Brasil, que administra de forma exemplar por ter indicadores.

Isso é mais do que necessário. Ele se mantém absolutamente envolvido com todo o time o tempo inteiro. E, por meio de indicadores, avalia a abrangência que seu negócio tem dentro do mercado de atuação, ou seja, a sua capilaridade. Quem tem indicadores pode disseminar, espalhar, pode criar braços e tentáculos. De fato, é uma garantia de que as coisas estão acontecendo. Se não estiverem, toma atitudes com embasamento.

OLY RAMOS,
fundador da Ramos & Silva, é líder que tem fome de produtividade

Sou presidente do grupo Ramos & Silva, que começou em 29 de maio de 2005 com três pessoas. Hoje, temos em torno de 3 mil colaboradores. A Ramos trabalha usando vários pilares para fazer uma gestão bastante forte e eficiente, mas o que realmente nos dá a certeza de progresso, de sucesso, é o da produtividade.

Utilizamos indicadores de performance de gestão tanto para a área de retaguarda como para a operacional, a administrativa, e principalmente a comercial, que nós chamamos de locomotiva do negócio. Traçamos metas globais que são distribuídas de forma equânime entre todos os setores além do comercial.

Como mantemos diversas parcerias com os gigantes do sistema financeiro, precisamos de profissionais preparados, treinados. Por isso, criamos a academia Ramos & Silva. Quando contratamos, essa pessoa não é escolhida apenas em razão do dom, talento, currículo, experiência profissional anterior, mas também por sua atuação empírica, ou seja, sua experiência de vida, sua capacidade de observação das coisas.

Indo para a área comercial ou administrativa, por exemplo, esse novo funcionário é sempre treinado dentro da nossa filosofia de trabalho para que haja uma integração coerente e ele possa ter produtividade, que é a nossa mola propulsora e o carro-chefe de todo e qualquer empreendimento.

Em tudo que fazemos, a produtividade é, de fato, importante e necessária. Eu tenho certeza de que, se a empresa não contemplasse esse pilar, dificilmente chegaria ao patamar atual. Nós temos indicadores para acompanhar essa evolução de desempenho e até pódio dentro da nossa parceria.

Então, digo sem medo de errar: estimulem esse pilar constantemente com base em indicadores. É a melhor ferramenta que você pode ter para alcançar a eficácia. Produtividade, a meu ver, é tudo. É a alma da empresa, é o que nós devemos exercitar e procurar fazer da melhor maneira possível. Realmente é um pilar relevante, imprescindível, necessário. E vamos usá-lo sempre.

OLY RAMOS RESPONDE A 5 PERGUNTAS SOBRE TER FOME DE PRODUTIVIDADE:

1. Liderança e produtividade: como esses fatores estão interligados?

Uma liderança motivadora faz com que as pessoas trabalhem com garra e amor. Consegue mobilizar seus comandados para que realizem um trabalho com resultados acima da média. Entendendo que a produtividade alta é o que faz a diferença em qualquer negócio ou empreendimento. É o fator principal do lucro, que beneficiará todos.

2. Qual é a importância do bem-estar dos colaboradores com vistas a aumentar sua produtividade?

Cuidar dos colaboradores é fundamental. Isso significa treinar bem, pagar em dia, promover saúde, para que todos trabalhem com vontade. O bem-estar faz parte da motivação, para que o colaborador produza com alegria e com amor à empresa.

3. Quanto aos pilares indicadores de que a produtividade está satisfatória, o que acha importante destacar?

O primeiro pilar é justamente ter os meios necessários para o controle de produção. Ou seja, trabalhar com alguns parâmetros ajuda a medir os níveis de produtividade, se estão bons ou ruins. Nós trabalhamos com paradigmas (padrões) que servem como referenciais para avaliar esse rendimento. Quando está abaixo do padrão, a nossa função é determinar as razões disso e corrigir os possíveis erros.

O segundo pilar é o próprio colaborador: se está ganhando bem, é sinal

Ter fome de produtividade

de que vem produzindo bem, já que recebe comissões a partir de determinados gatilhos. Nós criamos premiações e benefícios que o motivem a fazer negócios. Quanto mais negócios, maior a produtividade.

4. **Como transmitir os resultados para toda a equipe, de modo que todos os seus integrantes estejam cientes daquilo que precisa ser melhorado?**

Existem inúmeras maneiras de mostrar aos colaboradores em qual patamar eles se encontram. Trabalhamos com classificações, por exemplo, de modo que ele saiba exatamente como está a sua produção dentro do quadro geral.

A área de recursos humanos é fundamental, no sentido de determinar as dificuldades daqueles que não estão chegando aonde a empresa precisa estar e realizar treinamentos que possam prepará-los melhor. Também temos, em cada região, um superintendente responsável por levar até os gerentes, supervisores e operadores todas as informações importantes.

Eu mesmo gosto de fazer reuniões com vários deles para transmitir orientações mais de perto, e também preparo muitos vídeos, mostrando o norte a seguir. Em 2020, fiz dois vídeos baseados nos best-sellers Quem mexeu no meu queijo,[25] *de Spencer Johnson, e* A Tríade do Tempo,[26] *de Christian Barbosa. São orientações que ajudam todos a refletir.*

5. **Como o bom líder pode se mostrar engajado e engajar o time no cumprimento das metas?**

O principal é dar bons exemplos. Fazer junto. Deixar claro que você, como líder, está envolvido nas mesmas metas e respeita o colaborador em todas as situações. Essa é uma maneira poderosa de engajar e mobilizar o time a fazer o que pedimos e planejamos, pois só tem a ganhar.

---

25 JOHNSON, Spencer. **Quem mexeu no meu queijo**. Rio de Janeiro: Record, 1998.

26 BARBOSA, Christian. **A tríade do tempo**: São Paulo: Buzz, 2018.

CAPÍTULO 14 /

SER HUMANIZADO

ste líder faz uma gestão muito próxima dos funcionários, entendendo seus anseios e colaborando para o seu desenvolvimento pleno. Tem um olhar mais atento às mudanças que vão ocorrendo nos desejos e necessidades de cada membro do time por saber que a prosperidade dos negócios é determinada pelas pessoas – e pela maneira como a empresa investe nelas. Uma relação ganha-ganha.

Por muito tempo, eu tive dúvida sobre até que ponto um líder deveria se envolver em assuntos pessoais de seu time. Hoje, entendo que é essencial não se envolver emocionalmente, mas cuidar para que não impactem no resultado profissional da empresa. Ao mesmo tempo, esse líder precisa desenvolver empatia para ajudar quem estiver com dificuldades (de saúde, financeiras, familiares...) a superar e seguir em frente.

Via de regra, o ser humano se desenvolve conforme concretiza seus anseios profissionais "casados" com os pessoais – seja formar família, seja focar a carreira e acumular o máximo de dinheiro em determinado período. O ideal é que evolua nas várias áreas da sua vida, cuidando para não deixar que o problema evidenciado em uma contamine as outras.

Não existe equilíbrio perfeito entre vida pessoal e profissional. Em vários momentos, o normal é ter uma dedicação, entrega maior no plano pessoal – por exemplo, quando nasce o primeiro filho. Em outros, a esfera profissional exigirá muito mais do seu tempo e da sua energia. Quem faz essa balança é a própria pessoa, conforme seus anseios em cada fase da vida e cuidando para preservar seus valores e propósito individual.

Nós somos líderes humanizados quando procuramos enxergar cada um que trabalha conosco e identificar em qual momento está nessa balança. Isso para que possamos fazer uma gestão que o ajude a alcançar um equilíbrio possível, ou seja, lidar com os problemas que surgem no caminho evitando trazer impactos negativos do pessoal para o profissional e vice-versa.

PESSOAS NÃO SÃO NÚMEROS

Você já deve ter escutado, e eu também, que as pessoas são números. Não são. Mas também não podemos perder de vista que atuamos em uma empresa, fazemos parte de uma estrutura que envolve investimentos e custos. O número, hoje, passa a ser visto muito mais como resultado. As pessoas são frutos de seus resultados.

Eu não acredito que as empresas, em sua maioria, tomem decisões simplesmente pelo número ("Quanto você representa em salário?" ou "Quanto você custa para uma área?"). A tomada de decisão é cada vez mais pelo critério do resultado. Se o trouxermos, vamos permanecer. Se não o trouxermos... E hoje nós temos condições muito mais claras de medir essa entrega.

As empresas estão aprimorando cada vez mais os seus planos de desenvolvimento individual – por exemplo, com avaliações de performance 360 graus, que abrangem feedbacks de quem está à sua volta, como subordinados e clientes. Justamente para elas poderem mapear seus funcionários, criar políticas de gestão de pessoas adequadas e pinçar

Ser humanizado

possíveis líderes dentro de uma escala de meritocracia. Com isso, descobrem o que têm de fazer para mantê-los motivados e crescendo, a fim de que tragam esse resultado tão esperado.

Sinto muito pelos executivos e empresários que ainda continuam afirmando que as pessoas são um número da empresa; estes são derrotados por natureza. Eu não posso achar que sou um número, e ninguém mais aceita isso. Precisamos nos posicionar sempre como profissionais de resultados. É assim que vamos avançar na carreira e na vida, ocupar espaços nas empresas e no mercado, ganhar relevância na sociedade.

IMPORTANTE LEMBRAR QUE RESULTADO NÃO É NUMÉRICO. É UM CONTEXTO PARA ATINGIR E SUPERAR AQUELE NÚMERO PROGRAMADO, AQUELA META DA ESTRATÉGIA MAIOR DA EMPRESA.

É uma engrenagem em que cada um dá o seu máximo para honrar a entrega que a empresa precisa fazer e, assim, trazer o número. Com cada funcionário colocando em prática suas capacidades e atitudes e juntando com as dos outros. Para dar um exemplo, quem trabalha com *e-commerce* precisa garantir que o cliente terá uma boa experiência ao comprar pela internet: que receba o produto correto, intacto, no menor tempo possível. Eis um resultado medido e que vai influenciar o número de vendas.

É por isso que eu digo que o líder tem de fazer os funcionários sentirem esse pertencimento de que importam para os resultados. Seu desempenho impacta no número da empresa, óbvio, mas ele deve buscar uma entrega mais ampla (de experiência satisfatória do cliente, por exemplo). E essa amplitude será mais facilmente alcançada quanto mais estiver engajado, envolvido em transformar, em fazer acontecer, por sentir-se valorizado pelo líder humanizado.

Há os que têm uma vida mais organizada, maturidade emocional, conseguem focar aquilo que estão fazendo, mas também há os que têm dificuldade para lidar com os assuntos pessoais e permitem que afetem esse envolvimento no trabalho. Especialmente se um assunto pessoal (como a dissolução do casamento) provoca uma avalanche de emoções, o líder deve dobrar a atenção para que não haja um possível reflexo no resultado do grupo.

Turbulências existem dos dois lados (pessoal e profissional), mas um não deve ser afetado pelo outro. Lembre-se de que o seu resultado, assim como o do time inteiro, depende de não permitir que essa balança fique tão desequilibrada a ponto de sair do controle. O líder humanizado tem ciência do papel de ser o grande dosador dessa balança – mostrando-se pronto a ajudar para que ela esteja muito mais sintonizada com as necessidades daquele momento.

Aquele que tem uma atitude humanizada se interessa por conhecer os anseios pessoais de seu time para potencializar as entregas dele no profissional, ajudando-o a concretizar uma a uma. É um corresponsável pelo desenvolvimento de cada funcionário.

> **QUEM TEM O OLHAR HUMANIZADO CONSEGUE VALORIZAR OS ANSEIOS PESSOAIS DE SUCESSO E CONQUISTAS PARA POTENCIALIZAR AS ENTREGAS PROFISSIONAIS.**

Já contei em outro livro que criava ocasiões para os funcionários levarem os filhos até a Bombril e também os lembrava de que tinham neles motivação para aumentar seus resultados. Porque é o seguinte: quando o filho consegue entender o que seus pais fazem e sentem orgulho daquilo que conquistam, isso intensifica a vontade de levar para dentro de casa ainda mais progresso.

Sempre que promovo concurso para os vendedores de uma empresa, bato na tecla de que o bolso deles tem de encher, mas o valor emocional

PRECISAMOS NOS POSICIONAR SEMPRE COMO PROFISSIONAIS DE RESULTADOS. É ASSIM QUE VAMOS AVANÇAR NA CARREIRA E NA VIDA, OCUPAR ESPAÇOS NAS EMPRESAS E NO MERCADO, GANHAR RELEVÂNCIA NA SOCIEDADE.

da vitória renova a garra e faz tudo valer mais a pena. Por exemplo, quando a empresa dá a oportunidade de o ganhador levar o filho dele pela primeira vez à Disney, essa premiação será inesquecível. Esse líder está ajudando-o financeiramente a pagar uma viagem de férias e, sobretudo, realizando o sonho da pessoa que ele mais ama no mundo.

Essa entrega ficará marcada na mente e nas fotografias da família para o resto da vida. E também mostra à família a importância do trabalho e os frutos que pode dar a todos. O líder humanizado entende que as recompensas que gratificam a família têm um valor grande, e não só as que são vistas dentro das paredes da empresa. Quer oferecer reconhecimentos que sejam percebidos e materializados na vida pessoal dele, junto às pessoas que ama.

A VEZ DO DESENVOLVIMENTO ATITUDINAL

Outro ponto a destacar é que ter atitude humanizada não significa simplesmente sair pagando cursos para o funcionário que pedir. De novo, é mostrar objetivos claros de desenvolvimento profissional e pessoal àquele ser humano. Uma forma de fazer isso é valorizando o PDI (Plano de Desenvolvimento Individual) para que ele aprimore competências e habilidades, desenvolva sua carreira, tenha um gerenciamento de desempenho e concretize seus anseios por meio do autoaperfeiçoamento.

Importante: esse PDI não deve se restringir a análises e competências técnicas nem às atitudes dentro do ambiente de trabalho. Muito melhor é promover um casamento de tudo isso e integrar com os anseios desse profissional de maneira personalizada, pois isso trará resultados melhores para o funcionário e para a empresa.

Você vai ajudá-lo a subir de patamar e motivá-lo a crescer montando um plano de ação que inclua suas aspirações profissionais ("Eu trabalho em marketing, mas adoraria ter uma chance no departamento de compras

Ser humanizado

e também estar em um comitê de inovação", por exemplo), e mais, dando a chance de que fale se quer ter filhos, se gostaria de cursar um MBA etc.

Cabe ao líder ser um grande incentivador, mostrando como o colaborador poderá realizar tais objetivos e ser recompensado se formar uma reação em cadeia a partir do próprio empenho e melhoria de resultados, por impactar positivamente a sua vida profissional e pessoal. Por isso, é muito valioso entender a dinâmica de vida, as necessidades e expectativas que cada um tem no âmbito pessoal – costumam ser indicadores do tamanho da velocidade de crescimento dele.

Já faz algum tempo que as empresas se deram conta de que somente habilidades técnicas (*hard skills*) não eram suficientes para o sucesso do profissional e dos negócios. Hoje, as atitudinais ou comportamentais (*soft skills*) – que resumidamente dizem respeito à personalidade, visão de mundo, estilo de vida e desenvolvimento pessoal – estão muito mais valorizadas por afetarem diretamente os relacionamentos e o clima no ambiente de trabalho, ou seja, a produtividade da equipe.

Eu percebo que estamos desapegando do currículo muito técnico e potencializando o lado atitudinal dos profissionais. Por consequência, os líderes mais desejados são aqueles que demonstram ter as dez atitudes abordadas neste livro, pois elas farão a diferença no crescimento e na consistência da sua empresa conforme eu detalhei. E por que escolhi tratar dessa questão dentro deste capítulo?

Praticar as dez atitudes dá uma fortaleza grande ao líder atual. Porém, a deste capítulo tem um valor a mais por conseguir movimentar todas as outras e acelerar com muito mais facilidade a superação de qualquer turbulência. Em outras palavras, talvez o líder humanizado seja o que mais consegue harmonizar todas as atitudes. Afinal, o que mais traduz ser humanizado? É a sua força em gerar o engajamento do time sendo um exemplo a ser seguido.

LÍDER PRONTO PARA TUDO

O líder humanizado é o mais procurado hoje no mercado, e ele pode vir de qualquer área, desde que tenha a postura de gestor, com a capacidade de engajar a equipe pelas atitudes. Pondo fome de produtividade, fazendo amar desafios e ensinando a gastar só o necessário, por exemplo. Usa as outras conferindo uma humanidade de quem jamais esquece que as empresas são compostas por pessoas, com anseios, desejos, necessidades, pontos fortes e outros a melhorar.

Organizei um evento com a participação do Mercado Livre, que em 2020 tornou-se a maior empresa da América Latina em valor de mercado,[27] e vi que seus líderes trabalham muito isso com os funcionários, que são bem jovens na maioria. Nesse caso, ou você se coloca no papel deles, entendendo seus anseios, ou não consegue o engajamento necessário.

São pessoas que entregam? Sim. E que podem entregar mais? Sim. Mas o Mercado Livre oferece as condições, e elas não só refletem o respeito dessa empresa de tecnologia ao indivíduo como visam atrair e reter talentos. As demandas pessoais que atendem vão desde dar abertura para que cada um cumpra sua jornada diária de trabalho na hora desejada, dentro de uma política de flexibilidade de horários atrelada à produtividade e às entregas, até a possibilidade de congelamento de óvulos para quem quer ter filhos mais tarde e deseja prolongar a fertilidade.[28]

É uma visão realista, considerando que mais da metade de seus funcionários no Brasil são mulheres e ocupam mais de 40% dos cargos de liderança. E muitas delas se preocupam com o fato de o pêndulo da maternidade começar a oscilar justamente quando estão mais produtivas e crescendo na carreira.

---

27 MERCADO Livre torna-se a maior empresa da América Latina em valor de mercado. **G1**, 8 ago. 2020. Disponível em: https://g1.globo.com/economia/noticia/2020/08/08/mercado-livre-torna-se-a-maior-empresa-da-america-latina-em-valor-de-mercado.ghtml. Acesso em: 3 jan 2021.

28 BIGARELLI, B. Benefícios chegam ao congelamento de óvulos e à fertilização. **Valor Econômico**, 14 nov. 2019. Disponível em: https://valor.globo.com/carreira/noticia/2019/11/14/beneficios-chegam-ao-congelamento-de-ovulos-e-a-fertilizacao.ghtml. Acesso em: 3 jan 2021.

Ser humanizado

Entretanto, novamente o respeito à individualidade está acima de tudo, pois o Mercado Livre faz a ressalva de que o ideal é engravidar naturalmente e que congelar óvulos não garante 100% uma gravidez futura.

A verdade é que a força de trabalho vem mudando e suas demandas também. Como saber quais são, sem se colocar na pele dos seus colaboradores? E tem mais: à medida que aumenta a diversidade de perfis no seu time, fica menos provável que alguns poucos benefícios atendam a todos – mais um motivo para conhecer e poder aumentar, não de maneira aleatória, mas sim personalizada, o que vale a pena oferecer.

Toda essa dinâmica faz parte do objetivo do líder humanizado de gerar engajamento máximo, sabendo da importância disso para entregas sempre ambiciosas, desafiadoras, sem nunca deixar de lado o valor de cada pessoa para conquistá-las. E engajar depende de ter os dois lados da vida (pessoal e profissional) funcionando bem.

Quando entro em uma empresa para implementar projetos de crescimento, busco oportunidades de alinhar melhor essa balança, assim como procuro identificar se há alguma atividade que talvez não esteja proporcionando a felicidade dos membros do time para sugerir correções de rota ou aprimoramentos. Como primeiro passo, entendo a dinâmica de trabalho dos funcionários e quais são os pontos frágeis que podem gerar os conflitos de infelicidade.

Cito um exemplo. Ao conversar com gestores de certa empresa, percebi que tinham um incômodo grande: o de não enxergarem um plano de carreira interno. Isso gerava uma insegurança que acabava limitando, e muito, suas decisões pessoais (como se casar, ter filhos, comprar o apartamento dos sonhos). Realmente, sem saber até onde se pode chegar, como estruturar ações para subir os necessários degraus na carreira?

Esses profissionais também colocaram que o diretor geral tinha uma postura bastante impositiva e que precisaria se interessar mais em conhecer os anseios deles, não por dó, mas para ajudá-los a ganhar visibilidade e crescimento na companhia. No meu trabalho de consultoria, então, incluí desafios nessa linha no planejamento que montei para 2021. Por exemplo, propus um balanço novo na conduta e no desenvolvimento pessoal para que os gestores pudessem programar seu crescimento a longo prazo com base nas entregas e nos movimentos que a empresa se comprometeria a fazer.

Quando falam: "Mas isso aí não é um processo normal?", eu respondo que deveria ser um processo normal quando a gente pensa em empresas com um setor de recursos humanos robusto, atuante no desenvolvimento e na gestão de pessoas. No entanto, a maioria não dispõe de tal estrutura (no máximo, tem um departamento pessoal), dependendo ainda mais de formar líderes com essa atitude humanizada.

Esse planejamento contou com a participação de todos os gestores, que colocaram tudo aquilo em que acreditavam e que se comprometiam a entregar. E eu garanti que os acionistas materializassem esses anseios e ganhassem consciência do impacto desse engajamento nos resultados, comprometendo-se a recompensá-los com o que eles mais queriam: crescer na empresa. Em dois meses, o espírito de engajamento desses gestores já havia aumentado, e os resultados vieram.

Ao participar, você fica muito mais engajado e se sente importante para aquilo acontecer. Faltava isso naquela empresa. A gestão estava muito de cima para baixo, que é o padrão da maioria das pequenas e médias, principalmente, que ainda tem um gestor que manda fazer sem compartilhar "o como" e o "por quê".

Por isso, acredito assumir um papel diferenciado na minha consultoria. Tento cavar muito mais os assuntos pessoais que impactam no resultado geral. Já houve casos em que até chorei junto do dono, mas chorei pela emoção de sentir que ele compreendeu o que precisava fazer, mesmo que fosse dolorido. Estou falando de se afastar para colocar os filhos no comando e nas tomadas de decisões.

TODA ESSA DINÂMICA FAZ PARTE DO OBJETIVO DO LÍDER HUMANIZADO DE GERAR ENGAJAMENTO MÁXIMO, SABENDO DA IMPORTÂNCIA DISSO PARA ENTREGAS SEMPRE AMBICIOSAS, DESAFIADORAS, SEM NUNCA DEIXAR DE LADO O VALOR DE CADA PESSOA PARA CONQUISTÁ-LAS.

Ele entendeu que era o causador da não evolução dos filhos e da continuidade dos problemas que a empresa tinha, dificultando o engajamento dos funcionários. O líder humanizado vai além, sim, mas nunca perde o foco no resultado que a empresa precisa alcançar.

Como exemplo da décima atitude imprescindível, apresento Sueli Kaiser, fundadora do Grupo Cene, uma das maiores empresas de *home care* e serviços hospitalares do país.[29] Ela sempre teve essa característica, esse olhar diferenciado para o ser humano. Entendeu cedo que, quanto mais o funcionário conseguisse realizar seus anseios por meio das conquistas profissionais, e quanto mais a empresa o ajudasse nisso, mais forte viria o resultado – e com maior rapidez.

Desde pequena, Sueli sonhava em ser enfermeira e, quando se tornou empreendedora, carregou o carinho e o cuidado com o ser humano – característicos da profissão –, disposta a inovar na área de saúde, mas mantendo a proximidade de seus funcionários. Apresenta desafios com os quais eles possam se desenvolver. Cria um ambiente motivador para que todos conquistem mais e tenham seus anseios e desejos realizados.

Trabalha numa parceria afinada com o filho, Kelvin, que é um excelente administrador e, vendo a atuação da mãe, conseguiu unir a busca por crescimentos acelerados com políticas de engajamento pessoal. É como a Luiza Helena Trajano com seu filho Frederico, atual presidente da Magalu – mesmíssima sintonia na atitude humanizada que faz tão bem aos negócios.

O líder humanizado causa essa energia dentro da empresa. E quando um espelho dele surge, pode ser o filho ou não, a continuação da atitude fica evidente. Há promoção do desenvolvimento dos funcionários permitindo que possam "voar" para trazer o resultado, sabendo que estão apoiados e seguros por uma liderança que quer muito a sua felicidade pessoal e profissional.

---

29 HOME Care. **Grupo Cene**. Disponível em: https://gcene.com/cenemed/home-care/. Acesso em: 7 fev. 2021.

Ser humanizado

SUELI KAISER,
fundadora do Grupo Cene, é líder humanizada

O grupo Cene nasceu de um trabalho voluntário fundado em 1986, quando eu trabalhava para o Hospital Beneficência Portuguesa de São José do Rio Preto, no estado de São Paulo, e havia a necessidade de transferir o atendimento hospitalar para a casa do paciente, com o objetivo de liberar leitos para cirurgias eletivas e de emergência. Iniciamos nessa época o atendimento home care, e rapidamente várias famílias solicitaram o serviço.

Oferecemos atendimento humanizado, com qualidade e segurança aos familiares e, principalmente, aos pacientes. Mantivemos o treinamento constante para a nossa equipe multiprofissional.

Criamos em São José do Rio Preto um hospital de transição, para atender a demanda de pacientes crônicos que necessitam de uma assistência contínua e de um serviço multiprofissional especializado. Possuímos, também, farmácia com filmagem na expedição e dispensário de medicamentos, além de laboratório de treinamento e estúdio de gravação para capacitação de nossos colaboradores.

Líder humanizado, para mim, é aquela pessoa que faz tudo com amor, que coloca paixão realmente em tudo o que faz. Que gosta de ouvir, que valoriza as pessoas e investe nelas.

Tenho de dizer que meu filho, Kelvin Kaiser, em muito tem colaborado para o crescimento e desenvolvimento do grupo, trazendo governança corporativa para a organização e longevidade empresarial. Hoje, somos uma das maiores infraestruturas de home care do país, com vinte filiais de atendimento. Estamos presentes em dezesseis estados e 550 municípios. São mais de 1.500 pacientes em atendimento domiciliar.

Sempre que começo a falar do Grupo Cene, a primeira palavra que vem à minha mente é gratidão. Gratidão a todos os colaboradores que acreditaram no meu sonho. Muitos estão comigo desde o início. Sempre digo e repito: dá o mesmo trabalho sonhar grande e sonhar pequeno. Então, vamos sonhar grande!

SUELI KAISER RESPONDE A 5 QUESTÕES SOBRE LIDERANÇA HUMANIZADA

1. **A empatia é uma das principais características de um líder humanizado. Como você expressa essa habilidade com seu time?**

   Cada pessoa deve ser considerada em sua individualidade. Devemos respeitar sua dignidade e reconhecer seus méritos. Todos devem se sentir seguros em seus empregos, e devemos criar condições para que possamos ajudá-los nas suas responsabilidades familiares.

2. **Reconhecimento ao trabalho da equipe é um dos ingredientes que os líderes humanizados exercitam no dia a dia. Quais são as demais ferramentas que considera indispensáveis?**

   Acredito ser importante a responsabilidade social e a conscientização das pessoas em desenvolver programas sociais, gerando benefícios mútuos entre a empresa e a comunidade, melhorando a qualidade de vida dos colaboradores e da própria população. Cremos que os negócios devem proporcionar lucros adequados aos investidores, que a participação nos resultados das empresas seja uma ferramenta de desenvolvimento de trabalho e valorização de talentos para o processo de expansão e crescimento.

Ser humanizado

3. **Como é possível melhorar sempre a sinergia entre o líder e seus comandados/colaboradores, especialmente com os mais jovens?**

Nossa responsabilidade final é garantir e preservar a continuidade das empresas em todos os segmentos de atuação, buscar novas tecnologias, lançar novos produtos, serviços, experimentar novas ideias e reparar erros visando melhorias contínuas.

4. **Para instaurar uma gestão humanizada na organização, quais outros pontos não podem faltar?**

Nossa primeira responsabilidade é garantir a satisfação dos nossos clientes, pacientes, familiares e operadoras de saúde por meio do trabalho de uma equipe qualificada e comprometida, seja na comercialização de produtos, seja na prestação de serviços, em todos os segmentos de atuação. Devemos ter uma administração competente, contribuir com os impostos devidos. Nossas ações devem ser éticas. Nossos fornecedores devem ter oportunidade de aferir lucro, e nós devemos constantemente nos esforçar para reduzir nossos custos a fim de mantermos preços justos.

5. **E como deve ser um ambiente de trabalho mais propício ao crescimento pessoal da equipe?**

Um ambiente de trabalho sustentável, uma empresa economicamente viável, socialmente justa e ecologicamente correta, que promove o uso racional dos recursos naturais e contribui com a preservação do meio ambiente.

CAPÍTULO 15 /

O VALOR DO SEU SONHO

Acredite nisto: cada um tem o fardo que é capaz de carregar, e chorar em alguns momentos faz parte do nosso crescimento pessoal. Pois bem, chegou a hora de revermos tudo o que já enfrentamos como aprendizados e preparar o nosso futuro. E aí vai uma pergunta: quanto vale seu sonho? Tem um famoso samba-enredo[30] que diz: "Sonhar não custa nada; o meu sonho é tão real".

Quando o sonho em questão é "sem pé nem cabeça", realmente não custa nada. Mas se o sonho for ser um líder pronto para tudo, pode, sim, custar muito, pois concretizado ganhará um enorme significado para si, sua família, seus funcionários e clientes. E para concretizá-lo, precisa ter vontade, esforço, empenho e estratégia, alavancando seus resultados – além de mudar incrivelmente a maneira como é visto pelo seu mercado.

Não basta sonhar. Para lidar com as turbulências que surgem de todos os lados, só mesmo com uma atitude diferente – e neste livro eu apresentei não uma, mas dez imprescindíveis. Palavra de quem foi de estagiário a

---

30 Samba-enredo de 1992, sucesso de Paulinho Mocidade que se tornou "hino" da Escola Mocidade Independente de Padre Miguel.

presidente de grande empresa antes dos 40 anos e hoje coordena projetos de crescimento em diversas empresas de médio e grande porte, além de ter uma enorme rede de *networking*.

As dez atitudes que abordei tiram você do lugar comum. Não espere um cenário favorável para dar os primeiros passos. Crie o seu. Quem quer algo precisa se mover, envolver-se com as pessoas, as metas, os propósitos, os resultados, buscando uma realização maior. E isso nunca terá fim, pois cada um se tornará um novo começo, um novo sonho. Nossa vida se alimenta disso. É do jogo não deixar que a roda das conquistas pare de girar.

> **O CUSTO DE UM SONHO É O VALOR DE REALIZÁ-LO. O IMPOSSÍVEL NÃO EXISTE. QUEM CRIA LIMITES PARA SUAS REALIZAÇÕES É VOCÊ MESMO. ENTÃO, TAMBÉM PODE EXPANDIR, ACREDITANDO QUE É CAPAZ.**

Tomara que você já esteja se movimentando, diferentemente da maioria das pessoas que acredita que os sonhos são sonhos mesmo e continua inerte, facilitando que virem pesadelos. Como disse Steve Jobs: "Cada sonho que você deixa para trás é um pedaço do seu futuro que deixa de existir".[31]

Não mate o seu sonho de exercer uma liderança forte, inspiradora, admirada pelos seus excelentes resultados. Prefira vivê-lo intensamente para gerar, acima de tudo, impacto. Como fez Amanda Oliveira, uma líder diferenciada que resume todas as atitudes que trago neste livro trabalhando no terceiro setor.

Eu a considero um dos seres humanos mais adoráveis e presenciei seu crescimento. Fundadora e CEO do Instituto As Valquírias, em São José

---

31 JOBS, S. **Pensador**. Disponível em: https://www.pensador.com/frase/ODk4ODM1/. Acesso em: 7 fev. 2021.

O valor do seu sonho

do Rio Preto (SP), transformou seu passado doloroso, pobre e violento em sonho de futuro melhor para meninas e mulheres que passam pelas mesmas dificuldades para que não vivam o que ela viveu.

Ela buscou, por meio do LIDE, que empresários não só doassem, mas também se envolvessem na transformação da realidade dessas pessoas em situação de vulnerabilidade social e emocional. Um dia, eu levei o Eduardo Lyra, CEO do Gerando Falcões, para fazer uma palestra em São José do Rio Preto, e ele se encantou com a história dela, sendo peça-chave para que Amanda deixasse sua ONG produtiva, com metas e gerenciamento.

Mentorada por Jorge Paulo Lemann e por outros grandes empresários que fazem parte do Comitê de Gestão do Gerando Falcões, conseguiu ter esse suporte e essa visibilidade com a sua liderança. É um exemplo de profissional que partiu de um propósito de vida e desenvolveu todas as atitudes profissionais necessárias (**humanizada**, **capacitadora**, com **foco na solução**...) para conseguir entregar transformação como empresa.

Empresa e vida são coisas separadas? Amanda mostra que podem combinar muito bem. E acredito que as pessoas precisam ter exemplos muito mais palpáveis da vida real do que somente de pessoas do universo empresarial convencional. Para quem quer se automotivar, essa líder é uma inspiração.

Mesmo não sendo dono de empresa, você pode exercer a sua liderança por meio daquilo que almeja, aplicando todas as atitudes que agora conhece mais a fundo. Na entrega, Amanda se equipara a muitos profissionais que estão à frente de empresas grandes. E passa verdade, o que combina com a frase do início deste capítulo.

"Um fardo para carregar", "chorar em momentos de crescimento" ... Todo mundo enfrenta turbulências na vida, e sofre muito por causa delas. Entretanto, são resolvíveis – principalmente as profissionais, que costumam ser menos traumáticas do que as pessoais. Aquelas que vencem esses traumas pessoais, canalizando para o lado positivo, construtivo, transformador, aliviam o peso de seu fardo e conseguem ser feliz (ao mesmo tempo em que fazem mais gente feliz).

A Amanda teve o rosto queimado com 3 anos de idade num acidente doméstico, entre vários outros traumas de infância que justificariam revoltas; e, ao contrário, entendeu quanto esse fardo era importante para conquistar tudo o que ela tem de legado hoje. Com mais de dezoito premiações, Amanda é exemplo de sucesso e determinação no empreendedorismo social feminino no Brasil.

Tanto que foi capa da revista *Forbes* em 2019[32] e fez parte também da lista da McKinsey[33] de jovens que mais inspiraram o Brasil em 2020. Seu instituto teve reconhecimento da UNESCO,[34] integrou nos anos de 2013 e 2014 o projeto Criança Esperança (TV Globo)[35] e foi escolhido pela Carolina Herrera,[36] um ícone do mundo fashion, para receber apoio e doação.

Em tudo que faz, planta amor e recebe de volta, além do respeito de todos ao seu redor. Muitos empresários não conseguem essa relevância, mesmo tendo grandes fortunas. Essa é a prova maior de que as atitudes importam mais, hoje e sempre.

---

32 10 DESTAQUES brasileiros abaixo dos 30 anos. **Forbes**. Disponível em: https://www.forbes.com.br/escolhas-do-editor/2019/04/10-destaques-brasileiros-abaixo-dos-30-anos/#foto68. Acesso em: 7 fev. 2021.

33 MCKINSEY & Company. **Brazil 2020 Opportunity Tree**. São Paulo, 2021. Disponível em: https://www.mckinsey.com.br/~/media/McKinsey/Locations/South%20America/Brazil/Our%20Insights/Brazil%202020%20Opportunity%20Tree/McKinsey2020OpportunityTree.pdf. Acesso em: 7 fev. 2021.

34 MACHADO, S. **Uol**. 5 jan. 2020. Disponível em: https://www.uol.com.br/universa/noticias/redacao/2020/01/05/criada-em-favela-jovem-lidera-ong-com-apoio-da-onu-e-de-carolina-herrera.htm. Acesso em: 7 fev. 2021.

35 MENINAS do grupo As Valquírias usam patins para inovar nas apresentações. **Globo.com**, 2 fev. 2016. Disponível em: http://redeglobo.globo.com/criancaesperanca/noticia/2014/09/meninas-do-grupo-valquirias-usam-patins-para-inovar-nas-apresentacoes.html. Acesso em: 7 fev. 2021.

36 ANDRADE, J. Carolina Herrera faz doação à ONG brasileira. **Forbes**, 24 mai. 2019. Disponível em: https://forbes.com.br/forbes-mulher/2019/05/carolina-herrera-faz-doacao-a-ong-brasileira/. Acesso em: 7 fev. 2021.

O valor do seu sonho

❚ AMANDA OLIVEIRA,
fundadora do Instituto As Valquírias, é uma líder pronta para tudo

Eu nasci em uma favela da Zona Sul paulistana e vi minha mãe fazer uma refeição diária para que minhas irmãs e eu pudéssemos fazer duas. Também vi a enchente levar tudo de dentro do barraco onde nós morávamos, feito de papelão, lona e madeira.

Mais tarde, na ânsia de oferecer uma vida melhor para as filhas, minha mãe nos levou para morar em São José do Rio Preto, no interior paulista, e nos matriculou em um projeto social. Ali, conheci a professora Valquíria e vi a minha vida ser transformada por meio da música e do empreendedorismo ensinados nas salas de aula.

Cresci, me tornei mulher, musicista, empreendedora social e resolvi multiplicar esse impacto. Fundei em 2018, então, o Instituto As Valquírias, organização social que atua para empregar mulheres em situação de baixa renda, para qualificá-las para o mercado de trabalho, atender os seus filhos, além de defender e apresentar os seus direitos como cidadãs.

Quando você educa uma pessoa, educa uma nação. E, entre ganhar dinheiro e mudar o mundo, tenha como princípio que podemos ficar com os dois. Dentro do processo de gestão, a área que mais te desafia é a que mais precisa da sua fé. Aquela que mais exige a sua presença e um olhar estratégico guarda a mina de ouro do seu negócio.

Das nossas dores podem nascer livros, canções, assim como modelos de liderança que inspiram, ao ponto de montar dentro das empresas um exército, e não simplesmente um grupo de pessoas que trabalham para nós. Quando eu entendi que, quanto maior a dificuldade, maior deveria ser a minha fé, compreendi que aquela era como a dor do parto. Eu estava gerando resultados, algo grandioso, com potência.

Nesse processo, geramos lucros, satisfações, vitórias e, o mais importante, impacto. As crises chegam para fazer você compreender qual é o seu chamado. Por isso, eu digo: o líder precisa sonhar muito grande, querer mudar o mundo, mas acordando cedo para bater as metas e agindo com os pés no chão – que, a meu ver, significa querer deixar legado.

O mundo vem passando por mudanças, e é preciso estar conectado com as transformações sem perder a real essência da sua empresa. Não adianta querer inovar, crescer, ganhar dinheiro, fazer coisas grandiosas esquecendo que o seu negócio também precisa gerar algum impacto social, seja reduzir o lixo, seja combater uma injustiça.

Vamos promover pontes em vez de muros e pensar no coletivo, porque somos interdependentes. Quando a liderança dissemina esses valores, faz a empresa ganhar muito mais do que dinheiro. Adaptabilidade é uma capacidade que todos os CEOs estão sentindo necessidade de desenvolver, e com rapidez. É ser como a água, conseguir contornar os obstáculos e se adaptar de acordo com o que o mundo está pedindo – desde parar de agredir o meio ambiente até entender de tecnologia.

Se a gente não se adaptar, não desapegar do que funcionou no passado, vai ficar no meio do caminho. Saia um pouco do planejar e vá para a ação. Planejamento é importante, mas o líder precisa pôr a cara, falar, acelerar, influenciar, ter atitudes que façam a diferença. Quem é líder escreve história e deixa legado que transforma pessoas e negócios.

O valor do seu sonho

LIDERAR EM VARIADOS CONTEXTOS

Se você é líder pronto para tudo, acaba sendo importante e relevante a diversos tipos de pessoas e em diversos contextos. No início de 2020, eu participava com a minha esposa de uma reunião do movimento católico conjugal Equipes de Nossa Senhora (ENS, fundado em 1938 em Paris e presente em oitenta países). Ouvir o padre falar sobre os compromissos que assumiríamos ao liderar um grupo de casais me fez pensar nas atitudes necessárias aos líderes de hoje em quaisquer situações.

Comecei a anotar ali mesmo, enquanto era tocado profundamente pelo pensamento de que atitudes fortes de liderança são desejadas em todos os ambientes. Logo depois, começou a pandemia da covid-19, afetando o mundo todo, e fiquei pensando que parecia ser Deus me soprando tudo aquilo que se mostraria importante para o presente e futuro. Eu pensei: *Meu Deus, tudo aquilo que estou pensando tem ainda mais valor no enfrentamento de uma crise que afeta todos.*

E não há meio termo em relação às atitudes. Ou você tem ou não tem. Agora que conhece melhor as dez atitudes imprescindíveis para ser um líder que está pronto para tudo, precisa por em prática. Mudar o ritmo da sua vida é olhar para a frente, querer transformação. Querer não ser o mesmo para evoluir mais forte.

Temos de nos diferenciar. E essas dez atitudes que eu abordei servem para isso. Para ser diferente, você precisa entregar seu máximo. Sair de casa querendo ser melhor do que ontem.

AS ATITUDES CABEM A TODOS OS ESTILOS

Reconheço existir mais de um estilo de liderança, conforme uma série de fatores – como a personalidade, as experiências individuais da pessoa e a natureza do trabalho/o DNA do negócio. Mesmo assim, estou falando de um líder pronto para tudo, e ele reúne um conjunto de dez atitudes que precisam estar presentes tanto no perfil A quanto nos B, C e D. Ou seja, é pronto para tudo e útil a todos que queiram liderar mudanças.

O que pode variar é a intensidade de aplicação das dez atitudes dependendo do estilo de liderança. Às vezes, o perfil A pode intensificar a quinta atitude em vez de a segunda, enquanto o perfil D vai explorar mais a sétima atitude do que a primeira.

Em outras palavras, pode potencializar mais a atitude **renovadora** do que a **minimalista**, mas não deixará de ter as duas. Às vezes, a empresa vai exigir uma liderança que potencialize a sua atitude de **capacitador** ou de **amar desafios**. No fim das contas, o líder pronto para tudo tem uma mescla própria das dez atitudes.

Eu tenho a minha mescla, que posso alterar conforme o projeto e a equipe que vou liderar. Você também deverá ter algumas mais desenvolvidas, moldadas pelo seu estilo, pelo seu perfil e até pelo momento da sua carreira. Às vezes, a situação vai exigir uma liderança que potencialize ainda mais determinada atitude, e você só terá a ganhar com isso.

ADAPTANDO-SE MAIS DO QUE NUNCA

A palavra do momento é "adaptabilidade". Você deve ter a capacidade de se adaptar às atitudes exigidas pelo mercado – ainda mais com tudo que acontece e na velocidade que acontece! Ser flexível, estar aberto ao novo. Acabou a mentalidade "liderança controle remoto", que é baseada em comando e controle.

Para mim, o líder pronto para tudo vive essa adaptabilidade especialmente em épocas de crises, com as atitudes corretas para viver as mudanças. Essa é a graça de fazer diferente. Como pode ser possível liderar apenas de dentro do escritório, só no fresquinho do ar-condicionado, se nem escritório físico

O valor do seu sonho

talvez tenhamos mais, caso a tendência de trabalho remoto cresça mais e mais? Adapte-se e influencie mais gente a fazer o mesmo.

Um grande líder vivencia o chão, "rala" junto da equipe e colabora para que as pessoas floresçam. Então, esse líder tem de saber que o seu papel é administrar não só o desespero do momento, mas o das pessoas também, a fim de tirar delas o que cada uma tem de melhor, e rápido. Não potencializar esse desespero, mas sim administrá-lo e já criando um novo cenário de saída, a verdadeira solução.

Significa evoluir. Esteja junto, de coração aberto, jogando o jogo, dando novo direcionamento ao time. Saiba viver o novo, o diferente e aceite a velocidade das mudanças, estando pronto para tudo o que a empresa e o mercado necessitam. Chegar lá é para poucos. Tudo o que alcançamos e vencemos é um prêmio que a vida nos dá.

QUEM É LÍDER ESCREVE HISTÓRIA, DEIXA LEGADO QUE TRANSFORMA PESSOAS, CULTURAS E NEGÓCIOS.

Eu olho para trás e consigo comemorar quantos sonhos alcancei e, melhor ainda, olho para a frente e enxergo uma lista enorme de vários que quero alcançar. É a linha contínua da minha felicidade, partilhada com todas as pessoas que estão ao meu redor, gostam de mim e torcem por mim. Pois um sonho concretizado não é conquista solitária, e sim de todos que nos ajudaram e que nos cercam.

Eu construí a minha trajetória falando de um jeito simples, mas agindo com intensidade. E espero que você tenha a sua cada vez mais vitoriosa e com a sua identidade para deixar legado. Só existe uma meta máxima na minha vida, que é ser feliz. Seja diferente e busque aquilo que o seu coração entende como felicidade.

PARA A FRENTE SEMPRE!

CONCLUSÃO /

A FORÇA MAIOR QUE NOS MOVE

Não é comum, no universo dos negócios, falarmos sobre essa força maior que nos move. Na minha vida, faz muito sentido.

Para me conectar com essa força maior, sempre que preciso, leio o texto abaixo que escrevi. Texto que me coloca na frente do espelho. Que me faz enxergar o que eu realmente sou. Que me faz compreender os reais valores da vida. Que me faz valorizar a minha trajetória. Pode ser a que for, mas é a minha trajetória.

Este texto é meu guia - e, a partir de agora, poderá ser seu também.

Deus nos CAPACITA naquilo que não somos capacitados.

É Ele que nos faz acreditar que somos MERECEDORES,

É Ele que nos dá a ENERGIA necessária para nos transformarmos diariamente.

É Ele que nos ensina que, depois da dor, sempre virá a ALEGRIA.

É Ele que nos pede incessantemente para fortalecermos a nossa FÉ.

Quem tem fé é forte e acredita no IMPOSSÍVEL, pois sabe que amanhã é outro dia.

Quem tem fé nunca está sozinho

Portanto, coloque todas as suas angústias e dificuldades sempre nas mãos DELE. É seu porto SEGURO, aquele que te escuta e sabe tudo de você.

Restabeleça sua vida com você mesmo. Restabeleça sua vida POR VOCÊ e por todos que te querem bem, que TE AMAM.

A vida é muito curta para não ser vivida – e para tudo TEM SOLUÇÃO. Tudo mesmo!

Nunca deixe de lutar.

Quem escreve a sua trajetória é você!

Mas quem te ajuda abrir os caminhos...

CARO LEITOR,

Queremos saber sua opinião sobre nossos livros.
Agora que você terminou a sua leitura,
curta-nos no facebook.com/editoragentebr,
siga-nos no Twitter @EditoraGente,
no Instagram @editoragente e visite-nos
no site www.editoragente.com.br.
Cadastre-se e contribua com sugestões, críticas ou elogios.

Este livro foi impresso
em papel pólen bold 70g
em abril de 2021
pela gráfica Rettec.